東京書籍

ジャムの本　田中博子

5	はじめに

ジャム作りの基本

6	基本の材料
7	基本の道具
8	基本の作り方
9	瓶の詰め方
10	プラスαのスパイスとリキュール
12	ジャム作り Q&A

※計量単位は、1カップ＝200ml、大さじ1＝15ml、小さじ1＝5mlです。
※オーブンの温度と焼き時間は目安です。機種によって違いがあるので加減してください。
※卵はLサイズ（1個約60g）を使っています。
※バターは特にことわりのない場合、無塩バターを使っています。
※製菓用チョコレートは、タブレット状のものはそのまま使い、
　ブロックのものは細かく削って使います。

いちごジャム・マーマレード

14・16	いちごのプレーンジャム
15・16	いちごと黒こしょう、ミントのジャム
15・16	いちごのキルシュ入りジャム
15・16	いちごのシナモン風味ジャム
18	いちごのマーマレード

みかんジャム

20	みかんのグランマルニエ入りジャム

はっさくマーマレード

22	はっさくのプレーンマーマレード
22	はっさくとクルミのマーマレード

清見オレンジジャム

24	清見オレンジのキャラメルミントジャム

文旦ジャム

26	文旦のプレーンジャム

ブラッドオレンジジャム

28	ブラッドオレンジのプレーンジャム

グレープフルーツジャム

30	グレープフルーツのはちみつ入りジャム

レモンジャム

32・34	レモンのスパイスジャム
33・35	レモンカード

ルバーブジャム

36	ルバーブのプレーンジャム

ラズベリージャム

38	ラズベリーのプレーンジャム
38	ラズベリーとショコラのジャム

プラムジャム

40	プラムとヘーゼルナッツのジャム

さくらんぼジャム

42	さくらんぼのプレーンジャム
42	さくらんぼとバラのジャム

あんずジャム

44	あんずのプレーンジャム

桃ジャム

46	白桃と白こしょうのジャム
46	白桃とローリエのジャム

ブルーベリージャム

48	ブルーベリーのプレーンジャム
48	ブルーベリーのキルシュ入りジャム

いちじくジャム

50	いちじくのプレーンジャム
52	いちじくキャラメルジャム
52	いちじくキャラメルナッツジャム

プルーンジャム

54	プルーンのプレーンジャム
54	プルーンのスパイスジャム

	ぶどうジャム		**バナナジャム**
56・58	ぶどうのプレーンジャム	88・90	バナナオレンジジャム
57・59	ぶどうの白ワインジャム	88・91	バナナショコラジャム
		88・91	バナナキャラメルジャム
	和栗ジャム		
60	和栗のラム酒入りジャム		**パイナップルマーマレード・ジャム**
60	和栗とバニラのジャム	92	パイナップルのプレーンマーマレード
		92	パイナップルとローズマリーのマーマレード
		94	パイナップルパッションジャム
	洋なしジャム		
62	洋なしのプレーンジャム		
62	洋なしとカルダモンのジャム		**キャラメルジャム**
64	洋なしのタタン風ジャム	96	塩バターキャラメルジャム
		96	キャラメルバニラジャム
	りんごジャム		
66・68	りんごのプレーンジャム	98	**ノエルジャム**
67・69	りんごとキャラメルのジャム		
70	りんごのタタン風 カルバドス入り		
70	りんごのタタン風 きんかん入り	100	**ミックスジャムと2層ジャム**
		100	**ミックスジャム**
	きんかんジャム		いちごのプレーンジャム ✚ 文旦のプレーンジャム
72	きんかんのプレーンジャム		あんずのプレーンジャム ✚ ジンジャージャム
72	きんかんの紅茶ジャム		
74	きんかんパッションジャム	100・102	**2層ジャム**
			ラズベリーのプレーンジャム ✚ グレープフルーツのはちみつ入りジャム
	かりんジュレ		青梅のジャム ✚ 梅のプレーンジュレ
76・78	かりんのプレーンジュレ		きんかんパッションジャム ✚ パイナップルとローズマリーのマーマレード
77・78	かりんのバラの花びら入りジュレ		ブルーベリーのプレーンジャム ✚ 白桃とローリエのジャム
77・78	かりんのスパイス入りジュレ		
			ジャムを楽しむお菓子
		104	メレンゲとジャム、クレームエペス
	ゆずジャム	106	フルーツマリネ
80	ゆずのプレーンジャム	108	ぶどうジンジャーライムゼリー
		110	和栗のババロア
		112	パイナップルレアチーズケーキ
		114	ジャムサンドサブレ
	梅ジャム・ジュレ	116	りんごのクランブルタルト
82	青梅のジャム	118	トライフル
82	黄梅のジャム	120	あんずジャム入りガトーショコラロール
84	梅のプレーンジュレ	122	柑橘ジャムのアーモンドケーキ
		124	ジャム入りガトーバスク
	ジンジャージャム	126	ジャムシェイク
86	ジンジャージャム	127	クリームソーダ

はじめに

　「ジャムを作る」ことは、日常の中で気軽に楽しめて、そして豊かな時間をもつことだと思います。フルーツを手にすると旬を感じられ、ジャムを煮るときにはフルーツの芳醇な香りが部屋中に漂い、リラックスした気持ちになれます。フルーツは砂糖を加えて煮上げることで艶やかなジャムに変身し、瓶の中に入ったジャムを眺めるとうれしくなります。

　ジャムは保存の知恵のひとつであり、自然の恵みを大切に味わう方法です。

　単純作業のようですが、フルーツを見たときから、口にしたときから、どのような味にしたいか想像がふくらみます。「フルーツに寄り添って、味を引き出す」その考え方を、フランスでの修業中は感じる間もなく、ただただシェフの指示についていくことでいっぱいの毎日でした。日本に戻って、自分自身でジャム作りに取り組むようになってから、やっといろいろなことの意味がわかりはじめました。

　フルーツは自然の恵みですから、同じりんごでも果汁が多いときもあれば少ないときもあり、柑橘は皮がやわらかいものもかたいものもあり、煮てみるとジュースのようになってしまう場合もあったり。自分の思った通りのジャムになかなかなりません。だから、煮ている途中に、今日はどんな味にしたらよいだろうとフルーツに合わせていく形で、加える副材料を考えていくんです。もちろん、フルーツとレモンと砂糖だけで、何もいらないと思うほどよい状態にできるときもありますが、味見をしてみて、味がぼやけているように感じれば、仕上げにスパイスやドライフルーツを加えて味を引き締めたりもします。

　わたしは、一年を通してジャムを作っていますが、毎回、新しいフルーツを扱う気持ちで作ります。

　まずは、難しく考える必要はありません。本書では、今までのわたしの経験と、生徒さんからよく聞こえてくる質問も取り上げながら、家庭でおいしくできるジャム作りの方法をお伝えしています。

　昨年のジャムより今年のジャムのほうがおいしくできた！と思えるような、ジャム作りのお手伝いができれば幸いです。
　そして、魅力的で奥深いジャムの世界へ私を導いてくださった師匠クリスティーヌ・フェルベール氏へ大きな感謝を込めて。

田中博子

ジャム作りの基本

≫ 基本の材料

ジャムは、旬の新鮮なフルーツを無駄にしないように考えられた保存食。
だから、材料はいたってシンプル。フルーツのおいしさを生かすことが一番です。

旬のフルーツ
ジャムの主材料はフルーツ。それも生で食べたいと思うくらい新鮮な状態のものがベスト。料理と同じように、いかに質のよい主材料を使うかが、おいしさの鍵になります。砂糖と煮ることによりおいしく変身する場合もありますが、生で食べておいしくなかったからジャムにする、食べないで残っているからジャムにする、という考えが基本ではありません。

レモン
味を引き締めたり、変色を防ぐために、レモン果汁は基本必須。ゆずや梅など酸味の強いフルーツは不要ですが、柑橘類でも甘く感じる文旦やはっさく、酸味があっても変色しやすいあんずなどには加えます。ただし、入れすぎると甘みが引き立ちすぎてしつこい味になってしまうので注意。

ペクチン
ペクチンはフルーツなどに含まれる天然の多糖類。フルーツを煮るとペクチンが水に溶け出して自然にゼリー化します。だから、フルーツの種類やそのときの状態で、増粘安定剤として市販のペクチンを加えるかどうかを決めます。1日目に下煮したとき（p.8参照）、水分量が多かったら2日目に加えるとよいでしょう。
※本書では写真のペクチンを使用。メーカーによって使用量は変わります。

ペクチンを加えるときは……
ペクチンは2日目に砂糖を加えるときに一緒に加えます。砂糖を計量したら、続けてペクチンを加えて計量し、泡立て器で混ぜ合わせておきます。

砂糖
ジャムに使う砂糖はグラニュー糖が基本。グラニュー糖は甘みがさっぱりしていて、クセがなく、透明感が出るのが特徴です。味や香りにアクセントをつけたいときは、きび砂糖やはちみつを使うことも。きび砂糖はキャラメルのような独特の風味があるのが特徴。はちみつは甘みが強くて香りも独特。はちみつ自体の風味を楽しみたいときに使います。

砂糖の算出方法は……
フルーツの重量の50%が基本です。いちごを基本の甘さ、酸味と考えるとしましょう。いちごより酸味のあるフルーツ、柑橘類やラズベリーなどは60%、もっと酸味のある梅やあんずは70〜80%にします。逆にいちごより甘く感じる桃や酸味の少ない洋なし、いちじくは、40〜45%にしてもよいですが、減らしすぎると日持ちがしなくなるので、気をつけましょう。
ここでいう「フルーツの重量」とは、鍋の中に入れるフルーツの重さ。種を除いた重量、皮を入れないなら皮をむいてからの重量。果汁も含んだ上での「正味」です。

≫ 基本の道具

フルーツを切るためのまな板、包丁やペティナイフ、水分量を量るための計量カップや計量スプーンなどのほか、ジャム作りにあると便利な道具を紹介します。

ステンレス製ボウル
下ごしらえをしたフルーツを入れておいたり、下煮したフルーツをひと晩冷蔵庫に入れておくために用意したいのがボウル。熱が伝わりやすく丈夫なステンレス製のものを2～3個。

鍋
ジャムを煮るための鍋は、厚手でふたつきのものを。わたしが使っているのは厚さ2mmの三層構造鍋。熱が全体に伝わり、フルーツをふっくらと煮上げます。また、キャラメル作りには深さのある銅鍋が熱伝導がよいのでベスト。

鍋の大きさは……
鍋の直径は24～27cm、フルーツを入れたとき、鍋の半分の高さくらいまでで収まるのがベスト。鍋が小さいと吹きこぼれることもあるし、煮上がりに時間がかかって味も色も悪くなってしまいます。

はかり
ジャムやおやつ作りはまずは計量が大切。より正確に計量できるよう、0.1g単位で表示できるものがおすすめ。収納しやすいコンパクトなものを。

縦形ピーラー
ステンレススチール刃がついた、手になじみやすい柄のついた皮むき器。フルーツの皮をむいたり、芯取りなどに使います。

みかん皮むき器
皮むき器「ムッキーちゃん」は、ナイフを使わずにはっさくや文旦など外皮がかたい柑橘類の皮が簡単にむけます。

レモンスクイーザー（レモン搾り）
ジャム作りに必要なレモン果汁を搾るときに使います。わたしが使っているのは手にやさしくフィットする木製のもの。

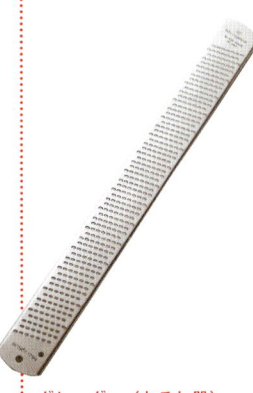

グレーダー（おろし器）
レモンやオレンジ、ゆずの皮などをすりおろすのに最適。チョコレートをおろしたり、アーモンドやクルミなど小さいものもすりおろせます。

ゴムベラ
木ベラだとフルーツの色が染まってしまうことがあるので、シリコン製のゴムベラがおすすめ。弾力があるので鍋肌もぬぐいやすい。

アク取り
フルーツを煮ているときに出るアクを取る道具。ステンレス製でさびにくいものを。

横口レードル
でき上がったジャムを瓶に詰めるときに便利。注ぎやすく、量の微調整も可能で便利。

スポンジ
瓶の縁にジャムがついているとそこからかびてくるので、ジャムを詰めた瓶の縁をきれいに拭く必要があります。わたしは、セルロースの薄手のスポンジを小さく切って使っています。

アルコールスプレー
保存瓶の殺菌消毒用のアルコールスプレー。ジャムをかびさせずに保存するために必要。

軍手
瓶にジャムを注いだあと、ふたをする際、瓶が熱くなっているため軍手を使います。

≫ 基本の作り方

ジャムの作り方はどんなフルーツを使うかによって多少の違いはありますが、基本のプロセスは同じ。ここでは、おおまかな流れを説明します。

1日目　フルーツの下ごしらえをする

フルーツは洗って水気をていねいに拭く。皮をむくものは洗わない場合もある。

ヘタを取る、皮をむく、種を取る、刻む……など、それぞれのフルーツに合わせた下ごしらえをする。

1回目の砂糖を入れて下煮する

鍋にフルーツを入れ、砂糖を加える。

火にかけて砂糖をフルーツ全体にまぶすようになじませる。

フルーツの水分が出てきてやわらかくなるまで煮る。

ボウルに移してラップをぴったりと張り、冷蔵庫でひと晩おく。ひと晩おくと、フルーツに砂糖がストレスなくゆっくりとしみ込む。

2日目　2回目の砂糖を入れて煮る

下煮したフルーツを冷蔵庫から出し、鍋に戻す。

2回目の砂糖（もしくは砂糖＋ペクチン）を加える。

レモン果汁を加えて混ぜる。

アクを取りながらフルーツに火を通し、とろりとしてくるまで煮る。

3回目の砂糖を入れて仕上げる

3回目の砂糖を加え、再び沸騰させてアクを取る。

冷えるとかたくなるので、ゆるいとろみが出たら火を止める。

≫ 瓶の詰め方

手間ひまかけて作ったジャムは、いつ食べてもおいしい状態で保存しておきたいもの。
ここでは、保存瓶と瓶の詰め方について、おさらいしておきましょう。

ジャムが熱いうちに、殺菌消毒した瓶に詰める。空気が入らないようにめいっぱい上まで入れる。

瓶の縁を、水でぬらしてかたく絞ったスポンジで拭いてきれいにする。

ふたを締める。瓶には熱いジャムが入っているので、瓶を持つ手には軍手をする。

さらにふたを手のひらで押しながらギュッと締めて密閉状態にし、すぐに逆さまにする。

ボウルに湯を張り、瓶やふたなどについたジャムを洗い落としてきれいにする。

逆さまにし、さらに瓶とふたの間の溝に入った水分をふり落とす。

瓶、ふたともに、乾いたきれいな布巾で拭く。

再び逆さまにして完全に冷めるまでおく。逆さまにすると効率よく空気抜きができる。

瓶の殺菌消毒は……
瓶は口を上にして天板に並べ、110℃のオーブンで20分ほど焼いて殺菌します。ふたはアルコールスプレー（p.7参照）で殺菌しておきます。

保存瓶とジャムポットは……
保存瓶（左）：ジャムは空気に触れると劣化していくので、できれば小さめの瓶を用意し、何本かに分けて保存するのがおすすめ。この本では140㎖容量の瓶を使い、1回に4〜8本のジャムができるレシピにしています。
ジャムポット（右）：アンティークのジャムポットは愛らしく、年代によっても形が異なり、集めはじめるとおもしろいもの。器のような感覚で使います。かつては砂糖をたっぷりと加えたジャムを作り、セロファンをのせて紐で結んでふたをしていましたが、甘さを控えて作る現代では、口がしっかり締まる瓶に詰めなければ日持ちがしません。

≫プラスαのスパイスとリキュール

フルーツだけで作るジャムはもちろんおいしいですが、
プラスαのおいしさを醸し出してくれるのがスパイス類やリキュール。
たとえば、いちごのプレーンジャムにシナモンスティックを加えると
ちょっぴりエキゾチックな味わいになり、
キルシュワッサーを加えればキリッとした大人のジャムに。
ジャム作りの楽しさが倍増します。

粒こしょう（白、黒）
白こしょうは上品な香り、黒こしょうは強い独特の香り。粒のまま瓶に入れて熱いジャムと合わせます。

シナモン（スティック、パウダー）
ほのかな甘い風味が特徴で、スティック状のものは割って使うと成分がよく出ます。

ミックススパイスパウダー
パウダー状のスパイス（シナモン、ナツメグ、クローブ、ジンジャー、カルダモンなど）を混ぜたもの。自分でブレンドするほか、市販のミックススパイス「キャトルエピス」「パンデピス」を使っても。

クローブパウダー
薬のような強い清涼感と甘くて濃厚な風味があり、少量でも強い香りが出るのが特徴。日本名は丁字で、花のつぼみを乾燥させたもの。

カルダモンシード
スパイスの女王とも言われ、ユーカリにも似た高貴で強い清涼感があるのが特徴。粒のまま瓶に入れて熱いジャムと合わせます。

ナツメグパウダー
甘く刺激のある香り、まろやかなほろ苦さが特徴。ミックススパイスに必須です。

ジンジャーパウダー
さわやかな風味と刺激性のある辛みが特徴。砂糖の甘さを引き締めるので、すっきりとした味わいに。

ローリエ
すがすがしい香りが特徴。加熱すると香りが出ます。そのまま瓶に入れて熱いジャムと合わせます。

バニラのさや
バニラならではの甘い香りが特徴。中に入っている黒い細かい種をしごき出し、この種と、さやを使います。

ミント
爽快感と甘い香りの両方が楽しめるのが特徴。ジャムとなじみやすいスペアミントを使います。

ローズマリー
すっきりとして、やや刺激的でスパイシーな香りが特徴。そのまま瓶に入れて熱いジャムと合わせます。

バラの花びら
フローラルな甘く上品な香りと風味が特徴。ローズティーに使うドライリーフを、そのまま瓶に入れて熱いジャムと合わせます。

チョコレート
ジャムと相性がよいのは製菓用のビターチョコレート。タブレットタイプのものはそのまま、板状のものは削ってから加えます。

ナッツ（クルミ、ヘーゼルナッツなど）
木の実ならではの甘みと香ばしさがジャムにプラスされます。必ずローストしてから使います。

ワイン（白、赤）
フルーツの味わいや色合いを考慮に入れて白か赤かを選択。酸味がきつすぎたりクセのあるものは避けます。※特にアルザスワインはよく合います。

キルシュワッサー
さくらんぼを発酵させて造る蒸留酒。辛口で無色透明、クセのないさわやかな香りが特徴。

カルバドス
りんごを原料する蒸留酒で、アップルブランデーの代名詞。りんごを思わせるフルーティで独特の香り。黄褐色。

ラム酒
さとうきびから造られる蒸留酒。この本では華やかな香りと豊かな風味のダークラムを使用。

コアントロー
ホワイトキュラソー（リキュール）のひとつ。強いオレンジの香りとまろやかな甘みがあり、無色。

グランマルニエ
コニャックにビターオレンジの蒸留エキスなどを加えて熟成させた、褐色のリキュール。

≫ジャム作りQ&A

「とろみが足りないときはどうすればいいの？」
「甘さ控えめに作りたいのですが」
そんな疑問や要望に応えた、おいしいジャムを作るために知っておきたいことを紹介。

Q. ジャム、マーマレード、ジュレの違いは何ですか。

A. ジャムは身や皮の食感を生かした状態のものを指します。本書ではペースト状、ジュレ状以外のことを指します。ジュレはフランス語でゼリー状の状態を指します。本書では身や皮や種などからとれたエキスに砂糖とペクチンを加えて煮上げたものになります。マーマレードはペースト状態。つぶしたフルーツはまた違った食感になり、魅力的です。

なぜか日本では柑橘のジャムがマーマレードと思っている方が多いのですが、フランスでは、パイナップルのマーマレードや、さくらんぼ、いちごなど、ペースト状にしたものもマーマレードと呼びます。

Q. 砂糖を減らして作ってはだめですか。

A. 減らして作っても間違いではありませんが、その分日持ちがしなくなるので、冷蔵庫に入れて1週間ほどで食べきるようにしましょう。砂糖を減らした状態はジャムというよりはコンポートのようなものですので、さらっとした仕上がりになります。

ある程度の砂糖を入れることで、鮮やかでおいしそうな見た目とジャムらしいとろみがつきます。そして日持ちが可能になります。

Q. グラニュー糖以外の砂糖を使う場合の注意点はありますか。

A. 約3回に分けて加えるグラニュー糖のうち、3回目の砂糖をほかの砂糖にすると、フルーツと砂糖の特徴が両方生かされる味わいになります。きび砂糖や黒砂糖を使用する場合は、グラニュー糖より2～3割減らして加えます。水あめやはちみつなど粘性のある糖分を使う場合は、グラニュー糖より5割程度減らして加えるとよいでしょう。栗のはちみつなど個性的なはちみつを加えてもおもしろいもの。いちご、柑橘類、きんかんなどと好相性です。

Q. いちごジャムがきれいな色にならないのですが。

A. いちごの品種によっては、白っぽい抜けた感じの色にでき上がる場合があります。それは品種によることなので仕方ありません。わたしは、赤く仕上がる「紅ほっぺ」または「あまおう」を使用しています。レモン果汁の入れ忘れや、砂糖を控えた場合も色に影響します。

Q. とろみが足りない、やわらかい仕上がりになってしまいました。

A. 仕上がりの段階になってもサラサラの場合は、煮詰めて仕上げる方法のほかに、刻んだドライフルーツやローストして刻んだナッツ、つまり乾燥した素材を加えて、沸騰させるという方法があります。ドライフルーツやナッツが汁気を吸ってジャムにかたさが出てきます。

ジャムを食べてみてフルーツの味が弱く感じるときや風味が欠ける場合も、うまみが凝縮したドライフルーツを入れると、味のアクセントがついておいしくなります。

Q. 煮込みすぎてかたくなってしまった場合は、どうすればよいですか。

A. ワインやリキュールなどのお酒を加えるのがおすすめです。お酒は、甘さをすっきりとした味に感じさせてくれる効果もあります。無理に水や湯を加えないほうがよいでしょう。

お酒を加えたくない人は、そのまま瓶などに移して保存、または冷凍用保存袋に入れて冷凍しておき、ゆるくなりがちな素材のジャム（桃、プラム、はっさくなど）を作るときに仕上げに加えると、ちょうどよいかたさにミックスジャムを作ることができます。

Q. スパイスを入れた場合、どのくらいたつと香りがつきますか。

A. パウダー状のものを加えた場合は、すぐにジャム全体に香りが行き渡るので、作りたてでもそのおいしさが味わえます。ホールやシードのものを加えた場合は、すぐには香りが回らないので、1週間以上おいたほうがよいでしょう。半年～1年たつと、香りがフルーツよりも勝ってしまい、強くなってしまう場合があります。食べるタイミングは好みですが、室温で保存した場合は香りの浸透がすすみやすく、冷蔵庫で保存すると変化しにくいと考えてください。

Q. ハーブやリキュールを加えたジャムの食べごろはいつですか。

A. フレッシュハーブは、刻んで鍋の中に加えて煮込んだ場合は香りが早く回るので、作ってすぐから食べられます。瓶の中に直接入れて熱いジャムを注いだ場合は、1週間以上おいてからが食べごろとなります。ミントなどハーブによっては時間がたつと変色してしまいますが、色の濃いジャムに加えるとハーブの変色もあまり気になりません。

リキュールの場合は、作りたてから風味を感じることができます。リキュールはジャムの仕上げに加えるのが基本ですが、そのあと沸騰させるかさせないかで風味が変わるので、好みで試してみてください。

Q. ペクチンを入れ忘れた場合はどうすればよいですか。

A. ペクチンは単体で加えるとジャムの中でダマになってしまうので、慌てて加えないようにします。入れ忘れた場合は、必ず少量の砂糖（すべてのグラニュー糖を加えたあとであっても、つまり分量外であっても）とよく混ぜ合わせて加えるようにします。

ペクチンは2回目の砂糖を入れるときに一緒に混ぜて加えるのが基本ですが、3回目の砂糖を入れて煮込んだあとにゆるさを感じる場合は、少量の分量外の砂糖にペクチンを加えて混ぜるという処理もあります。加えるときは、鍋の中のジャムをよくかき混ぜながら加えます。

Q. 瓶のふたが締めにくいときはどうしたらよいですか。

A. 瓶のふたは、冬は比較的締めにくい傾向にあるので、ふたを少し温めるようにするとよいでしょう。オーブンに入れてしまうとゴムのところが焼けて使えなくなってしまうので、バットなどにのせてオーブンの上や近くに置いておくか、瓶をオーブンで殺菌したあとの余熱のあるオーブンに少しの間入れて温めます。熱くしすぎないように注意すること。

ときどき瓶とふたの相性で、造りそのものが締めにくいものもありますが、慣れるとコツがつかめることもあります。

Q. 脱気はしなくても日持ちするのでしょうか。

A. 本書では、脱気しない方法が前提でのジャムの作り方になりますので、本書に従って作ってみてください。本書の方法でジャムを作った場合、その後、脱気することは再度加熱することになりますので、ジャムの味が変わってしまい、鮮やかな色も失われる場合があります。

Q. 保存している間にふたがふくらんできてしまいました。

A. しっかりと真空になっている瓶は、ふたの上面をよく見ると、凹んでいます。

だから、ふたがふくらんできているものは、真空の状態ではないということ。ジャムが傷んでいることも考えられるので、ふたを開けてみてチェックしましょう。開けてみて、上面の部分のにおいが気になる場合は上面は取り除き、その下の部分の味見をしてみます。味が大丈夫な場合は傷んではいないので、再びふたをして冷蔵庫に保存します。

Q. ジャムの日持ちと、日持ちがあまりしないジャムを教えて下さい。

A. 開封しなければ室温で約1年。開けたら冷蔵庫で2週間が目安です。瓶のふたがリサイクルの場合は、しっかりと真空になっていない場合が考えられます。ふたがしっかりと凹んでいない場合は、冷蔵庫での保存がおすすめです。

フルーツによって長期保存に向かないものもあります。栗ジャムは室温で3ヶ月以内、または冷蔵保存を。桃ジャムも傷むわけではないけれど、風味が衰えるスピードが早いので、栗ジャムと同様に。柑橘類は皮に含まれる成分の影響でカビではない白い斑点ができる場合があります。いちごは真空になっている状態でも5ヶ月を超えると色が退化していきます。色が鮮やかなうちに食べきりたいものです。レモンカードは開封しなくても冷蔵での保存が安心です。冷蔵で未開封で半年、開封後は1ヶ月。

いちごジャム・マーマレード

MEMO ●いちごは、小粒の紅ほっぺを使う。
黒こしょうはメーカー、産地などによって風味が違うので、
いろいろな黒こしょうで試してみるとおもしろい。
瓶の中にシナモンスティックを入れて熱いジャムを注ぐと、
上品な香りがつく。ペースト状と粒々感の両方を味わいたいときは、
マーマレードに。

▎作る時期▎1〜4月

いちごのプレーンジャム
作り方 >> p.16〜p.17

いちごのシナモン風味ジャム

いちごのキルシュ入りジャム

いちごと黒こしょう、ミントのジャム

いちごと黒こしょう、ミントのジャム
いちごのキルシュ入りジャム
いちごのシナモン風味ジャム

作り方 >> p.16〜p.17

いちごのプレーンジャム
→ いちごと黒こしょう、ミントのジャム
→ いちごのキルシュ入りジャム
→ いちごのシナモン風味ジャム

材料　140mℓ容量の瓶約6本分
1日目
　いちご…正味 900g
　グラニュー糖… 150g
2日目
　グラニュー糖… 250～300g
　ペクチン… 3g
　レモン果汁… 40mℓ
→ 黒粒こしょう…小さじ½
→ ミントの葉… 10枚
→ キルシュワッサー…大さじ1～2
→ シナモンスティック… 3本

いちごのプレーンジャム

1日目
1 いちごはザルに入れて洗い、水気をきり、ペーパータオルを敷いたバットに入れる。

2 上からもペーパータオルでやさしく拭く。

3 ペティナイフなどでヘタを取り、大きな粒のものは半分または4等分に切る。小粒の場合はそのまま。

4 鍋にいちごを入れ、グラニュー糖を加える。

5 中火にかけ、ゴムベラで混ぜてグラニュー糖をなじませる。はじめは焦げやすいので注意する。

6 ゴムベラで絶えず混ぜながら、いちごの水分が出てきて、やわらかくなったら火を止める。

7 ボウルに移す。

8 上面にラップをぴったりと張り、冷めたら冷蔵庫でひと晩おく。

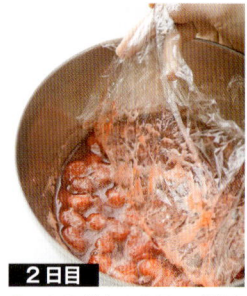
2日目
9 8のボウルのラップを取る。上に浮いたアクがラップと一緒に取れる。

10 鍋に戻す。

11 グラニュー糖150gにペクチンを加えて混ぜる。

12 10の鍋に11を入れる。

13 レモン果汁を加えて混ぜる。

14 中火にかけ、絶えず沸騰させながらゴムベラで混ぜ、アクを取る。

15 ゴムベラで混ぜたときに鍋底が一瞬見えるくらいにとろみがついてきたら、残りのグラニュー糖を加える。

16 再度全体が沸騰し、鍋底が一瞬見えるくらいに再度とろみがついたらでき上がり。

17 熱いうちに瓶に詰めてふたをする。

18 逆さまにして完全に冷めるまでおく。

いちごと黒こしょう、ミントのジャム

1 黒粒こしょうを瓶の底などを使ってつぶす。

2 ミントの葉は細切りにする。

3 作り方16の仕上げに1と2を加える。

4 ひと煮立ちさせて火を止める。

いちごのキルシュ入りジャム

1 作り方16の仕上げにキルシュワッサーを加えて混ぜる。

いちごのシナモン風味ジャム

1 シナモンスティックを割って瓶に入れる。

2 16のプレーンジャムを詰める。シナモンパウダーの場合は黒粒こしょうと同じタイミングで加える。

いちごのマーマレード

1 プレーンジャムの作り方 1～14 を参照にして中火で 5 分ほど煮、ハンディフードプロセッサーでいちごを半つぶしにする。

2 あとは 15～18 まで同様にして作る。

いちごのマーマレード ✚ 無糖ヨーグルト ✚ バニラアイスクリーム

みかんジャム

MEMO ● 皮ごと刻んで作るので、皮が薄く引き締まったみかんを選ぶことが大切。グラニュー糖はみかんの重量の60％。

|作る時期| 12月

みかんのグランマルニエ入りジャム

材料 140㎖容量の瓶約5本分

1日目
 みかん… 7個（正味600g）
 グラニュー糖… 160g

2日目
 グラニュー糖… 200g
 レモン果汁… 大さじ1
 グランマルニエ… 40㎖

1日目

1 みかんは丸ごと洗って水気をきり、上部を少し切り落として縦半分に切る。

2 真ん中についている白い部分を、気になる範囲で取り除く。

3 横2mm幅に切る。

4 さらに縦半分に切る。

5 鍋に4を入れ、グラニュー糖を加えて中火にかけ、かき混ぜる。

6 沸騰して身がふっくらとするまで、ふたをして10分ほど煮る。

7 皮がかたそうであれば、ふたをして30分蒸らす。ボウルに移し、上面にラップをぴったりと張り、冷めたら冷蔵庫でひと晩おく。

2日目

8 7を鍋に戻し入れる。

9 グラニュー糖100gとレモン果汁を加えて中火にかける。

10 長い皮があったらキッチンバサミで切り、とろみがついてくるまで煮る。

11 残りのグラニュー糖を加え、混ぜながら3分ほど沸騰させて火を止める。

12 仕上げにグランマルニエを加えて混ぜる。

13 熱いうちに瓶に詰めてふたをし、逆さまにして完全に冷めるまでおく。

みかんのグランマルニエ入りジャム
＋パン・ド・カンパーニュ

はっさくマーマレード

MEMO ● 果汁がたっぷりでジュースのようになってしまうことが多いので、身と皮の量のバランスがポイント。
ナッツの香ばしさをプラスするのもおすすめ。
クルミのほかにヘーゼルナッツやアーモンドを使っても。

▌作る時期▐ 1～4月

はっさくマーマレード2種 ✚ バゲット

はっさくのプレーンマーマレード
➥ **はっさくとクルミのマーマレード**

材料　140ml容量の瓶約5本分
1日目
　はっさく…3個（身400g、皮200g）
　グラニュー糖…160g
2日目
　グラニュー糖…200g
　レモン果汁…大さじ2
➥ クルミ…70g

はっさくのプレーンマーマレード

1日目

1 はっさくは洗って水気をきり、上部を切り落とし、包丁やみかん皮むき器で皮に切り込みを入れて皮と身に分ける。

2 身は房から取り出し、身についている房の白い部分は取り除く。種も取り除く（400g目安）。

3 皮は内側についている白い部分を取り除く（200g目安）。

4 3をたっぷりの水とともに鍋に入れて火にかけ、沸騰して10分たったら湯を捨てる。これをあと2回繰り返す。

5 竹串を刺してみてやわらかくなっていたらOK。水気をきり、ひと口大のぶつ切りにする。

6 鍋に2の身、5の皮を入れる。

7 6にグラニュー糖を加えて中火にかけ、かき混ぜる。

8 ふたをして身がふっくらとして果汁が出るまで煮る。皮がまだかたそうであれば、ふたをして30分蒸らす。

9 ボウルに移す。

10 上面にラップをぴったりと張り、冷めたら冷蔵庫でひと晩おく。

2日目

11 10を鍋に戻し入れ、グラニュー糖100gとレモン果汁を加え、中火にかける。

12 全体にとろみがついてきたら、ハンディフードプロセッサーで半つぶしにする。

はっさくとクルミのマーマレード

13 残りのグラニュー糖を加え、再度とろみがついてきたら火を止める。

14 熱いうちに瓶に詰めてふたをし、逆さまにして完全に冷めるまでおく。

1 クルミは160℃のオーブンで10～15分焼き、皮をとって好みの大きさに割る。

2 作り方13の仕上げにクルミを加えて混ぜ、ひと煮立ちさせて火を止める。

清見オレンジジャム

MEMO ● キャラメルの苦みと清見オレンジの果汁の組み合わせがおいしい。ミントのさわやかさがよく合う。
┃作る時期┃1～5月

清見オレンジのキャラメルミントジャム ✚ リコッタチーズ

清見オレンジのキャラメルミントジャム

材料　140ml容量の瓶約4本分

1日目
　清見オレンジ
　　…4～5個（果汁450g、皮200g）
　グラニュー糖…150g
　キャラメル用グラニュー糖…100g

2日目
　グラニュー糖…150g
　ペクチン…4g
　レモン果汁…大さじ1
　ミントの葉…好みの量（15～20枚）

1日目

1 清見オレンジは洗って水気をきり、横半分に切り、果汁を搾る。果汁に芯が混ざっていたら取り除く（450g目安）。このうちキャラメル用に50gを取り分けておく。

2 内側に残った房を取り除き、皮は細めのくし形に切る。

3 皮の白い部分も取り除く。

4 鍋に3を入れてたっぷりの水を加え、中火にかけ、10分ほどゆでてからゆで汁を捨てる。これをあと2回繰り返し、皮がやわらかくなるまでゆでる。

5 ザルに上げて冷ます。

6 冷めたら、短いせん切りにする（200g目安）。

7 鍋に1の果汁（キャラメル用は除く）と6の皮を入れ、グラニュー糖を加えて中火にかけ、ふたをし、吹きこぼれないような火加減で10分ほど煮る。

8 銅鍋にキャラメル用グラニュー糖を入れ、中火にかけて溶かし、キャラメル色になったら火を止める。

9 小鍋に入れて温めた1のキャラメル用の果汁を加え、キャラメルを溶かす。

10 9のキャラメルが落ち着いたら7を加え、混ぜながら火にかけ、キャラメルがなじんで沸騰したら火を止める。

11 ボウルに移し、上面にラップをぴったりと張り、冷めたら冷蔵庫でひと晩おく。

2日目

12 グラニュー糖とペクチンは合わせておく。

13 11を鍋に戻し入れ、12、レモン果汁を加えて混ぜる。

14 アクを取りながら中火で煮、鍋の真ん中が沸騰して全体にツヤが出るまで煮る。

15 ツヤが出てとろみがついたら、ミントの葉をせん切りにして加えて混ぜる。

16 熱いうちに瓶に詰めてふたをし、逆さまにして完全に冷めるまでおく。

文旦ジャム

MEMO ● 皮の内側の白い部分の苦みを生かしたおいしさ。
皮に苦みがあるので作るならプレーンがおすすめ。
グラニュー糖は文旦の重量の60%。

|作る時期| 3～4月

文旦のプレーンジャム＋キャラメルバニラジャム(p.96) ＋ イギリスパン

文旦のプレーンジャム

材料 140㎖容量の瓶約5本分
1日目
　文旦…3個(身450g、皮350g)
　グラニュー糖…200g
2日目
　グラニュー糖…220g
　レモン果汁…大さじ1

1日目

1 文旦は洗って水気をきり、皮と身の間に包丁を入れて皮をむく。

2 身は房から取り出し、身についている房の白い部分は取り除く。種も取り除く(450g目安)。

3 皮は内側についている白い部分を半分くらい取り除く(350g目安)。

4 3の皮をたっぷりの水とともに鍋に入れて火にかけ、沸騰してから15分ほどゆで、湯を捨てる。これをあと2回繰り返す。

5 竹串を刺してみて、やわらかくなっていることを確かめる。

6 ゆでた皮は1cm幅に切り、さらに細切りにする。

7 鍋に2の身と6の皮を入れ、グラニュー糖を加え、中火にかける。

8 かき混ぜながら煮、鍋の中心が沸騰して身がふっくらしてきたら火を止める。ボウルに移し、上面にラップをぴったりと張り、冷めたら冷蔵庫でひと晩おく。

2日目

9 8を鍋に戻し入れる。

10 グラニュー糖120gとレモン果汁を加えて中火にかける。

11 全体にとろみがついてくるまで煮たら、残りのグラニュー糖を加える。

12 とろりとしたらでき上がり。熱いうちに瓶に詰めてふたをし、逆さまにして完全に冷めるまでおく。

ブラッドオレンジジャム

MEMO ● 国産のものが手に入る時期に作る。
ネーブルオレンジで作るときも同じレシピ。
レモン果汁はオレンジの酸味によって加減する。
┃作る時期┃3〜4月

ブラッドオレンジの
プレーンジャム

材料 140ml容量の瓶約8本分
1日目
　ブラッドオレンジ…6個（正味900g）
　グラニュー糖…200g
　水…200ml
2日目
　グラニュー糖…340g
　レモン果汁…大さじ2

1 ブラッドオレンジは洗って水気をきり、上下の部分を少し切って8つ割りにし、真ん中にある白い部分を取り除く。

2 横2mm幅の薄切りにする。

3 鍋に**2**を入れ、グラニュー糖を加える。

4 全体に混ぜ合わせ、中火にかける。

5 水をまず50mlを加える。

6 ときどきかき混ぜながら、ふたをして10分ほど煮る。

7 様子を見ながら残りの水を加え、沸騰して身がふっくらとするまでふたをして煮る。皮がかたそうであれば、ふたをして30分蒸らす。

8 皮がふっくらとしたら煮上がり。

9 ボウルに移し、上面にラップをぴったりと張り、冷めたら冷蔵庫でひと晩おく。

10 **9**を鍋に戻し入れ、グラニュー糖200gを加える。

11 レモン果汁を加える。量はブラッドオレンジの酸味によって加減する。

12 中火にかけ、全体にとろみがついてくるまで煮る。大きな皮があればキッチンバサミで鍋の中で切る。

13 残りのグラニュー糖を加えて混ぜ、再度とろみがついたらでき上がり。

14 熱いうちに瓶に詰めてふたをし、逆さまにして完全に冷めるまでおく。

グレープフルーツジャム

MEMO ● 国産のものが手に入る時期に作る。赤い果肉のルビーで作るときれい。

|作る時期| 4～6月

グレープフルーツのはちみつ入りジャム

材料　140㎖容量の瓶約5本分
1日目
　グレープフルーツ（ルビー）… 3～4個（身500g、皮300g）
　グラニュー糖… 200g
2日目
　グラニュー糖… 120g
　レモン果汁… 大さじ1
　はちみつ… 70g

1日目

1　グレープフルーツは洗って水気をきり、皮と身の間に包丁を入れて皮をむく。

2　1房ずつ身と薄皮の間に包丁を入れて身だけを取り出す。果汁が落ちるのでボウルの上でやる。

3　残った薄皮の部分は手でギュッと搾って2のボウルに果汁を入れる（身と果汁で500g目安）。

4　皮は内側についている白い部分を少し残す感じで取り除く。

5　皮はたっぷりの水とともに鍋に入れて火にかけ、沸騰して15分たったら湯を捨てる。これをあと2回繰り返す。

6　竹串を刺してみて、やわらかくなっていることを確かめる。

7　やわらかくなっていたら、ザルに上げて水気をきる。

8　水気を拭き、皮を縦にして1cm幅に切る。

9　皮を横にして細切りにする（300g目安）。

10　鍋に3を入れ、9を加える。

11　グラニュー糖を加え、中火でかき混ぜながら煮、鍋の中心が沸騰して身がふっくらしてきたら火を止める。

12　ボウルに移し、上面にラップをぴったりと張り、冷めたら冷蔵庫でひと晩おく。

2日目

13　12を鍋に戻し入れる。

14　グラニュー糖とレモン果汁を加えて中火にかけ、全体にとろみがつくまで煮る。

15　はちみつを加え、再度とろみがついてきたらでき上がり。

16　熱いうちに瓶に詰めてふたをし、逆さまにして完全に冷めるまでおく。

レモンジャム

MEMO ●国産レモンを見かけたら作っておく。
レモンとアニスとシナモンの組み合わせが、奥行きのある味わいに。
ほかのジャムと違って下煮はせず、1日で仕上げる。
レモンカードはサブレと一緒に食べると、レモンタルトのように楽しめる。

|作る時期| 10～5月

レモンのスパイスジャム
作り方 >> p.34

レモンカード ✚ スパイスサブレ（市販）

レモンカード
作り方 >> p.35

レモンのスパイスジャム

材料　140㎖容量の瓶約4本分
国産レモン(メイヤーレモン)…3個(正味500g)
グラニュー糖…250g
水…500㎖
スターアニス(八角)…½個
シナモンスティック…1本

1 レモンは酸味が少なくてうまみがあるメイヤーレモンを使用。

2 レモンは洗って水気をきり、両端を切り落とす。

3 縦半分に切り、真ん中の白い部分を取り除く。

4 ごくごく薄く切る。切りながら見つけた種は取り除く。

5 さらに半分の大きさに切る。

6 身がない端の部分も薄切りにする。

7 鍋に6を入れ、グラニュー糖、水を加え、スターアニスとシナモンスティックをのせる。

8 オーブンシートで落としぶたをし、弱火で40分煮、そのまま冷ます。再度沸騰させて熱いうちに瓶に詰め、逆さまにして完全に冷めるまでおく。

レモンカード

材料 140ml容量の瓶約4本分
レモン果汁… 150ml
レモンの皮のすりおろし… 2個分
卵… 150g
グラニュー糖… 180g
バター（室温にもどす）… 220g

1 ボウルに卵を入れて泡立て器で溶き混ぜ、グラニュー糖を加える。

2 泡立て器でよく混ぜ合わせる。

3 レモン果汁を加えて混ぜる。

4 レモンの皮をすりおろして加え、混ぜ合わせる。

5 4を鍋に移して中火にかける。

6 ゴムベラで絶えずかき混ぜながら、全体にとろみがつき、ふわっとするまでかき混ぜる。全体が沸騰したら火を止める。

7 ボウルの上に万能漉し器をおいて漉す。

8 漉し器の上に残ったレモンの皮はゴムベラで漉す。

9 8のボウルに、バターを1cm角に切って加える。

10 ハンディフードプロセッサーで攪拌する。

11 バターが完全に混ざってとろりとしたらでき上がり。

12 まだ熱いうちに瓶に詰めてふたをする。

13 逆さまにして完全に冷めるまでおく。

ルバーブジャム

MEMO ● 赤、緑のルバーブともに作り方は同じ。下ごしらえが少ないから思いのほか作りやすい。

| 作る時期 | 5〜7月

ルバーブのプレーンジャム ✚ チョコチップ入り黒パン

ルバーブのプレーンジャム

材料 140ml容量の瓶約8本分
1日目
　ルバーブ（茎の部分のみ）…正味1.2kg
　グラニュー糖…250g
2日目
　グラニュー糖…500g
　レモン果汁…大さじ2

1日目

1 ルバーブは洗って水気をきり、皮と筋を取り除く。取りすぎてしまうと正味が少なくなるので、だいたいの感じでよい。

2 1cm幅に切る。よく切れる包丁、またはパン切りナイフのようなギザギザしたナイフを使うと切りやすい。

3 鍋に2を入れ、グラニュー糖を加えて混ぜる。

4 中火にかけ、かき混ぜながら沸騰させ、身がやわらかくなるまで煮る。

5 ボウルに移し、上面にラップをぴったりと張り、冷めたら冷蔵庫でひと晩おく。

2日目

6 鍋に5を戻し入れ、グラニュー糖250g、レモン果汁を加える。

7 焦がさないように、アクを取りながら煮る。鍋の中央が沸騰するくらいの火加減で煮る。

8 とろみがついてきたら残りのグラニュー糖を加える。

9 さらにとろみがついてツヤが出てきたらでき上がり。

10 熱いうちに瓶に詰めてふたをし、逆さまにして完全に冷めるまでおく。

ラズベリージャム

MEMO ●種が多すぎるとおいしく感じられないので、ホールとピュレ（市販）をブレンドして作る。
仕上げにチョコを入れるとかたくなるので、素早く瓶に詰める。
┃作る時期┃6～9月

ラズベリーのプレーンジャム

ラズベリーとショコラのジャム

ラズベリーのプレーンジャム
ラズベリーとショコラのジャム

材料　140ml容量の瓶約6本分
1日目
　ラズベリー… 400g
　ラズベリーピュレ（市販。冷凍）… 600g
　グラニュー糖… 200g
2日目
　グラニュー糖… 350g
　レモン果汁… 大さじ2
　製菓用チョコレート（ビター）… 80g

ラズベリーのプレーンジャム

1 ラズベリージャムは、洗って水気をきったラズベリー400g、冷凍ラズベリーピュレを解凍したもの600gで作る。

2 鍋に1を入れてグラニュー糖を加えて混ぜ、中火にかける。

3 ゴムベラで混ぜながら沸騰させる。

4 ボウルに移し、上面にラップをぴったりと張り、冷めたら冷蔵庫でひと晩おく。

5 4を鍋に戻し入れる。

6 グラニュー糖200g、レモン果汁を加えて混ぜる。

7 中火にかけ、焦がさないように混ぜながら、アクを取りながら煮る。

8 鍋の中央が沸騰したら残りのグラニュー糖を加える。再び沸騰させながら煮、とろりとしてきたら火を止める。

9 ボウルに氷水を用意し、8を少したらしてみたときに、ポトッと落ちてひとつにまとまる程度のとろみをつける。

10 熱いうちに瓶に詰めてふたをし、逆さまにして完全に冷めるまでおく。

ラズベリーとショコラのジャム

1 作り方8の仕上がりにチョコレートを加える。

2 ゴムベラでよく混ぜてチョコレートを溶かす。

プラムジャム

MEMO ● すもも系はいろいろな種類があるが、果汁が多く、仕上がりがゆるい状態になることがあるので、ナッツを入れて程よいとろみをつける。

|作る時期| 5〜10月

プラムとヘーゼルナッツのジャム ✚ バター ✚ ライ麦パン

プラムとヘーゼルナッツのジャム

材料 140㎖容量の瓶約6本分
1日目
 プラム…正味1kg
 グラニュー糖…200g
2日目
 ヘーゼルナッツ…120g
 グラニュー糖…400g
 ペクチン…6g
 レモン果汁…大さじ1

1日目

1 プラムは洗って水気をきり、手または竹串でヘタを取る。

2 ペティナイフなどで縦に切り込みを入れ、縦4等分に切って種を取る。果汁が落ちるのでボウルの上でやる（1kg目安）。

3 鍋に2を入れ、グラニュー糖を加える。

4 中火にかけ、ゴムベラで混ぜながら煮ていく。

5 鍋の中央が沸騰してとろりとしてきたら、火を止める。

6 ボウルに移し、上面にラップをぴったりと張り、冷めたら冷蔵庫でひと晩おく。

2日目

7 ヘーゼルナッツは160℃のオーブンで10〜15分ローストする。

8 粗いみじん切りにしておく。

9 6を鍋に戻し入れ、グラニュー糖200gとペクチンを混ぜ合わせて加える。

10 レモン果汁を加え、中火にかけ、絶えず混ぜながら、焦がさないように、アクを取りながら煮る。

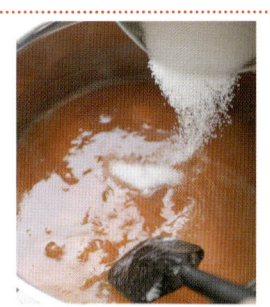

11 鍋の中央が沸騰したら残りのグラニュー糖を加え、ゴムベラでかき混ぜながら、さらに煮詰める。常にアクをていねいに取る。

12 全体にツヤが出て、とろりとしてきたらいったん火を止める。

13 8のヘーゼルナッツを加えてひと煮立ちさせる。

14 熱いうちに瓶に詰めてふたをする。

15 逆さまにして完全に冷めるまでおく。

さくらんぼジャム

MEMO● さくらんぼの形をそのままに、ふっくらと煮上がるように、種取り器を使わずに手で種取りをする。乾燥のバラの花びらを入れると、バラの香りがほんのり漂うジャムに。見た目にもきれい。

｜作る時期｜6〜7月

さくらんぼのプレーンジャム

さくらんぼとバラのジャム

さくらんぼのプレーンジャム
→ さくらんぼとバラのジャム

材料　140ml容量の瓶6本分

1日目
- さくらんぼ…正味 1kg
- グラニュー糖…200g
- レモン果汁…大さじ1

2日目
- グラニュー糖…300g
- ペクチン…9g
→ バラの花びら（乾燥。ハーブティー用）…約18枚
→ かりんのジュレ（プレーンまたはバラの花びら入り。p.76、77）…1瓶

さくらんぼのプレーンジャム

1日目

1 さくらんぼは洗って水気をきり、実を割らないように軸と種を取る（1kg目安）。

2 鍋に1を入れ、グラニュー糖を加えて混ぜる。

3 2を中火にかけ、ゴムベラでやさしく混ぜながら沸騰させる。

4 やわらかさが出てクタッとなるまで煮たら火を止める。

5 ボウルに移し、スプーンなどでレモン果汁を静かに加え、表面になじませるように広げる。

6 上面にラップをぴったりと張り、冷めたら冷蔵庫でひと晩おく。

2日目

7 6を鍋に戻し入れ、グラニュー糖200gにペクチンを混ぜ合わせて加える。

8 アクを取りながら、鍋の中央も沸騰するくらいの火加減で煮る。

9 とろみがついてきたら残りのグラニュー糖を加える。

10 さらに煮詰める。シワシワになっていた皮がぷくっとしたらでき上がり。

11 熱いうちに瓶に詰めてふたをし、逆さまにして完全に冷めるまでおく。

さくらんぼとバラのジャム

1 作り方7でペクチンを2g減らし、9でグラニュー糖の代わりにかりんのジュレを加えて仕上げる。

2 瓶にバラの花びらを2～3枚ずつ入れる。

3 1を2に詰め、ふたをする。

4 逆さまにして完全に冷めるまでおく。保存する間にバラの香りが移る。

あんずジャム

MEMO ● あんずジャムは焼き菓子の仕上げにぬったり、パウンド生地に練り込んだりできるので、常備しておくとよい。

| 作る時期 | 6月

あんずのプレーンジャム

材料　140㎖容量の瓶約7本分
1日目
　あんず…正味1kg
　グラニュー糖…300g
　レモン果汁…大さじ2
2日目
　グラニュー糖…400g

1日目

1　あんずは洗って水気をきり、ヘタを取る。

2　縦半分に切って種を取り除き、さらに半分に切る。

3　変色をしている繊維を取り除き、大きければさらに半分に切る（1kg目安）。

4　鍋に3を入れ、グラニュー糖を加える。

5　中火で沸騰させる。アクは取らない。

6　ボウルに移し、スプーンなどでレモン果汁を静かに加え、表面になじませるように広げる。

7　上面にラップをぴったりと張り、冷めたら冷蔵庫でひと晩おく。

2日目

8　鍋に7を戻し入れ、グラニュー糖300gを加えて混ぜ、中火にかける。

9　絶えず混ぜながら、焦がさないように、アクを取りながら煮る。

10　鍋の中央が沸騰してきたら残りのグラニュー糖を加え、さらに煮詰める。

11　常にアクをていねいに取り、全体にツヤが出てとろりとしてきたら火を止める。

12　熱いうちに瓶に詰めてふたをする。

13　逆さまにして完全に冷めるまでおく。

桃ジャム

MEMO ●白こしょうを入れると、桃のやさしい味が一気に引き締まった感じになる。庭で採れたローリエは市販のものより香り高い。

▌作る時期▌7〜8月

白桃と白こしょうのジャム

白桃とローリエのジャム

白桃と白こしょうのジャム
→ 白桃とローリエのジャム

材料 140㎖容量の瓶約6本分
1日目
　白桃…4個（正味800g）
　グラニュー糖…200g
　レモン果汁…大さじ1
2日目
　グラニュー糖…180〜200g
　ペクチン…6〜8g
　白粒こしょう…適量
→ ローリエ…6枚

白桃と白こしょうのジャム

1 桃は皮にかるく切り目を入れ、熱湯に入れてさっとゆでる。

2 穴あきレードルなどで1個ずつ取り出し、氷水に入れる。

3 切り目を入れたところから皮をむく。身はなるべく傷つけないようにする。

4 氷水につけて色止めし、水気をきる。

5 ペティナイフで横にグルリと切り込みを入れ、縦1cm幅に切り、種から身をとる。切ったときに出る果汁も一緒にボウルに入れる（合わせて800g目安）。

6 鍋に5を入れ、グラニュー糖を加える。

7 中火で沸騰させながら煮る。

8 アクを取り、身が透明になってやわらかくなったら火を止める。

9 ボウルに移し、スプーンなどでレモン果汁を静かに加え、表面になじませるように広げる。

10 上面にラップをぴったりと張り、冷めたら冷蔵庫でひと晩おく。

11 鍋に10を戻し入れ、グラニュー糖100gにペクチンを混ぜ合わせて加える。

12 アクを取りながら煮る。

13 鍋の中央が沸騰したら、残りのグラニュー糖を加え、再び沸騰させながら煮る。

14 とろりとしてきたらでき上がり。

15 瓶に白粒こしょうを3粒ずつ入れ、14が熱いうちに詰めてふたをし、逆さまにして完全に冷めるまでおく。

→ **白桃とローリエのジャム**

1 瓶にローリエを1枚ずつ入れ、14が熱いうちに詰めてふたをし、逆さまにして完全に冷めるまでおく。

47

ブルーベリージャム

MEMO ● 下ごしらえがいらないので手軽。煮詰めすぎに注意。
| 作る時期 | 6〜8月

ブルーベリーのキルシュ入りジャム

ブルーベリーのプレーンジャム

ブルーベリーのプレーンジャム
→ ブルーベリーのキルシュ入りジャム

ブルーベリーのプレーンジャム

材料
140ml容量の瓶約8本分
1日目
　ブルーベリー…正味 1.2kg
　グラニュー糖…200g
2日目
　グラニュー糖…400g
　レモン果汁…大さじ2
→　キルシュワッサー
　　　…大さじ1〜2

1 ブルーベリーは洗って水気をきり、ヘタを取る。

2 1を鍋に入れ、グラニュー糖を加える。

3 弱火にかけ、全体に混ぜてグラニュー糖をなじませる。

4 果汁が出てくるまでときどきかき混ぜる。実がはじけて果汁が出てくるまでに時間がかかるので、焦がさないように注意。

5 中火で沸騰させ、表面がふっくらとしたら火を止める。

6 ボウルに移し、上面にラップをぴったりと張り、冷めたら冷蔵庫でひと晩おく。

7 6を鍋に戻し入れ、グラニュー糖200gとレモン果汁を加え、アクを取りながら煮る。

8 鍋の中央が沸騰したら残りのグラニュー糖を加え、再び沸騰させ、3分ほど煮て火を止める。あまり煮すぎないようにする。

9 熱いうちに瓶に詰めてふたをし、逆さまにして完全に冷めるまでおく。

→ **ブルーベリーのキルシュ入りジャム**

1 8の仕上げに、キルシュワッサーを加えて混ぜる。

ブルーベリーのプレーンジャム
✚ クリームチーズでサンドイッチ

49

いちじくジャム

MEMO ● フランス品種の黒いちじくで作るのも美味。
いちじくジャムは単調な味になりがちなので、リキュールやナッツを足すのもおすすめ。
いちじくをジャムにすると甘く感じるので、キャラメルの苦みをプラスするのもよい。

作る時期 ▎8〜9月

いちじくのプレーンジャム

材料　140ml容量の瓶約6本分
1日目
　いちじく…約8個（正味600g）
　グラニュー糖…100g
2日目
　グラニュー糖…150g
　レモン果汁…20ml

1日目

1 いちじくはお尻の部分をチェックし、カビがあるときは大きめに取り除く。

2 洗って水気をきり、ヘタの部分を切り落とし、縦半分に切る。

3 皮ごと5mm厚さに切る。皮がかたい場合は皮をむく（600g目安）。

4 鍋に3を入れ、グラニュー糖を加えて混ぜる。

5 混ぜながら中火で沸騰させる。

6 ボウルに移し、上面にラップをぴったりと張り、冷めたら冷蔵庫でひと晩おく。

2日目

7 鍋に6を戻し入れ、グラニュー糖100gを加えて混ぜる。

8 レモン果汁を加え、アクを取りながら、焦がさないように混ぜながら中火で煮る。

9 鍋の中央が沸騰したら残りのグラニュー糖を加え、再び沸騰させながら煮る。

10 とろりとしてきたら火を止める。

11 熱いうちに瓶に詰めてふたをする。

12 逆さまにして完全に冷めるまでおく。

いちじくキャラメルジャム、いちじくキャラメルナッツジャム ✚ ラスク（市販）

いちじくキャラメルジャム
🟠 いちじくキャラメルナッツジャム

材料 140mℓ容量の瓶約6本分
1日目
　いちじく…約12個（正味900g）
　グラニュー糖…150g
2日目
　キャラメル用グラニュー糖…150g
　湯…50mℓ
　レモン果汁…大さじ2
　グラニュー糖…150g
🟠 クルミ…80g
🟠 キルシュワッサーまたはラム酒…大さじ1〜2

いちじくキャラメルジャム

1　p.51の作り方1〜6を参照していちじくを下煮し、上面にラップをぴったりと張り、冷めたら冷蔵庫でひと晩おく。

2　銅鍋にキャラメル用グラニュー糖を入れ、中火にかけて溶かし、濃いめのキャラメル色になるまで焦がして火を止める。

3　湯を3回に分けて加え、キャラメルを溶かす。

4　3に1のいちじくを入れて混ぜる。

5　レモン果汁を加えて混ぜる。

6　グラニュー糖を加えて中火にかけ、かき混ぜながら煮る。

7　混ぜたとき、鍋底が一瞬見えるくらいまでとろみがついたら、火を止める。

8　熱いうちに、瓶に詰めてふたをし、逆さまにして完全に冷めるまでおく。

いちじくキャラメルナッツジャム

1　クルミは160℃のオーブンで15分ほどローストする。

2　薄皮を取り除く。

3　包丁で粗いみじん切りにする。

4　作り方7の仕上げにクルミを加えて再沸騰させる。

5　キルシュワッサーまたはラム酒を加え、ひと煮立ちさせて火を止める。

6　熱いうちに、瓶に詰めてふたをしてひっくり返す。

プルーンジャム

MEMO 品種違いのプルーンでいろいろ作ってみるとおもしろい。
スパイス入りはフルーツケーキなどにも使える。

|作る時期| 7〜9月

プルーンのプレーンジャム

プルーンのスパイスジャム

プルーンのプレーンジャム
→ プルーンのスパイスジャム

材料 140ml容量の瓶約6本分

1日目
- プルーン…正味 900g
- グラニュー糖… 200g
- 水… 50ml

2日目
- グラニュー糖… 250g
- レモン果汁…大さじ2
- → ミックススパイスパウダー…小さじ½
- → シナモンスティック…適量

プルーンのプレーンジャム

1日目

1 プルーンは洗って水気をきり、ヘタを取って縦にペティナイフで切り込みを入れ、半分に切って種を取る。

2 さらに縦2〜3等分に切る。

3 身の内側にある筋のような白い繊維も取り除く（果汁含めて900g目安）。

4 鍋に3を入れ、グラニュー糖を加えて混ぜる。

5 水を加えて中火にかけ、ふたをして10分ほど煮る。焦げないようにときどき混ぜる。やわらかくなったらOK。

6 ボウルに移し、上面にラップをぴったりと張り、冷めたら冷蔵庫でひと晩おく。

2日目

7 鍋に6を戻し入れ、グラニュー糖150gを加え、レモン果汁を入れる。中火にかけ、絶えず混ぜながら、アクを取りながら煮る。

8 鍋の中央が沸騰したら、残りのグラニュー糖を加え、さらに煮詰める。

9 常にアクをていねいに取り、全体にツヤが出てきたらでき上がり。

10 熱いうちに、瓶に詰めてふたをし、逆さまにして完全に冷めるまでおく。

→ プルーンのスパイスジャム

1 9の仕上げにミックススパイスパウダーを加えて混ぜ、ひと煮立ちさせる。

2 シナモンスティックを割って瓶に入れ、ミックススパイス入りのジャムを詰める。

ぶどうジャム

MEMO ● 家庭で手作りする価値のある贅沢なジャム。
ワインジャムは、皮が黒いぶどうは赤ワイン、
皮が緑のぶどうは白ワインを使う。
┃作る時期┃ 8～9月

ぶどうのプレーンジャム
作り方 >> p.58

ぶどうの白ワインジャム
作り方 >> p.59

ぶどうのプレーンジャム

材料 140ml容量の瓶約5本分
1日目
　ぶどう（長野パープルなど皮が黒いぶどう。種なし）… 2房（正味900g）
　グラニュー糖… 200g
2日目
　グラニュー糖… 200g
　ペクチン… 15g
　レモン果汁… 大さじ1

1 ぶどうは洗って水気をきり、ひと粒ずつ房からはずす。

2 ひと粒ずつ、ていねいに皮をむく。

3 皮がむきにくいときはペティナイフを使う。種入りのぶどうの場合はクリップをS字に広げたものを使って種を抜くとよい（果汁も含めて900g目安）。

4 鍋に3を入れ、グラニュー糖を加えてふたをし、中火にかける。

5 グラニュー糖が溶けたらゴムベラでやさしく混ぜる。

6 再度ふたをし、身がふっくらとするまで煮て火を止める。

7 ボウルに移し、上面にラップをぴったりと張り、冷めたら冷蔵庫でひと晩おく。

8 鍋に7を戻し入れ、グラニュー糖100gにペクチンを混ぜ合わせて加える。

9 グラニュー糖が溶けたらレモン果汁を加える。

10 アクを取りながら、鍋の中央が沸騰するまで煮る。

11 残りのグラニュー糖を加え、再び沸騰させながら煮る。

12 とろりとして、ぶどうに火が入って白っぽく見えてきたらでき上がり。

13 熱いうちに瓶に詰めてふたをし、逆さまにして完全に冷めるまでおく。

ぶどうの白ワインジャム

材料　140㎖容量の瓶約5本分
1日目
　ぶどう（シャインマスカットなど皮が緑のぶどう。種なし）…2房（正味900g）
　グラニュー糖…200g
2日目
　グラニュー糖…200g
　ペクチン…17g
　レモン果汁…大さじ1
　白ワイン…100㎖

1日目

1　ぶどうは洗って水気をきり、ひと粒ずつ房からはずす。

2　ひと粒ずつ、ていねいに皮をむく。

3　縦半分に切る（果汁も含めて900g目安）。

4　鍋に3を入れ、グラニュー糖を加えて混ぜ、中火にかける。身がかたいときはふたをする。

5　中火で沸騰させ、身がふっくらとしたら火を止める。

6　ボウルに入れ、上面にラップをぴったりと張り、冷めたら冷蔵庫でひと晩おく。

2日目

7　鍋に6を戻し入れ、グラニュー糖100gにペクチンを混ぜ合わせて加える。

8　レモン果汁を入れて混ぜ、中火にかけ、白ワインを加える。

9　鍋の中央が沸騰してくるまで、アクを取りながら煮る。

10　残りのグラニュー糖を加え、再び沸騰させながら煮る。

11　とろりとして、身に火が入って白っぽく見えてきたらでき上がり。

12　熱いうちに瓶に詰めてふたをする。

13　逆さまにして完全に冷めるまでおく。

59

和栗ジャム

MEMO ● 栗ジャムは焦げやすいので注意しながら煮上げる。
栗はほかのジャムに比べて傷みやすいので、
ラム酒を入れる。お菓子のモンブランのような味わいに。
|作る時期| 9〜10月

和栗のラム酒入りジャム、和栗とバニラのジャム ✚ 厚切りバタートースト

和栗のラム酒入りジャム
和栗とバニラのジャム

材料　140ml容量の瓶約7本分
- 栗…1kg（正味600g）
- グラニュー糖…300g
- 水…300ml
- ラム酒…大さじ1〜2
- バニラのさや…½本

和栗のラム酒入りジャム

1 栗はたっぷりの水（分量外）とともに鍋に入れて中火にかけ、沸騰したら弱火にし、30〜50分かけてゆっくりとゆでる。

2 ザルに上げて粗熱を取り、半分に切る。

3 スプーンなどでくり抜く。渋皮が入っていたら取り除く（600g目安）。

4 鍋に3、グラニュー糖200g、水を入れて火にかける。

5 絶えずかき混ぜながら中火弱で煮る。渋皮が入っていたら取り除く。

6 アクを取りながら、とろみがつくまで煮ていく。

7 かき混ぜたとき、一瞬だけ鍋底が見えるくらいのかたさになったら、残りのグラニュー糖を加える。

8 鍋の中央が沸騰し、再度、かき混ぜたとき、一瞬だけ鍋底が見えるくらいのかたさになったら火を止める。

9 仕上げにラム酒を加える。

10 熱いうちに瓶に詰めてふたをし、逆さまにして完全に冷めるまでおく。冷めるとかたくなるので、素早く詰める。

和栗とバニラのジャム

1 バニラのさやはペティナイフで縦に切り込みを入れ、種をしごき出し、さやは細く切って瓶に入る長さに切る。

2 作り方9で、ラム酒の代わりにバニラの種とさやを加え、再度沸騰させて火を止める。

3 熱いうちに瓶に詰めてふたをし、逆さまにして完全に冷めるまでおく。

洋なしジャム

MEMO ● ほどよく熟れた洋なしを使うこと。
カルダモンを入れると保存している間にカルダモンの風味が広がる。
長く保存するほどに個性的な味わいに変身。
タタン風ジャムは圧力鍋を使って作る。
洋なしの果汁とキャラメルが合わさると優雅な味わい。
▎作る時期▎9〜12月

洋なしとカルダモンのジャム

洋なしのプレーンジャム

洋なしのプレーンジャム
洋なしとカルダモンのジャム

材料　140㎖容量の瓶約4本分
1日目
　洋なし…2～3個（正味600g）
　グラニュー糖…100g
　レモン果汁…大さじ1
2日目
　グラニュー糖…200g
　ペクチン…3g
→　カルダモン（ホール）…4～6粒

洋なしのプレーンジャム

1日目
1 洋なしはヘタを取って4～6つ割りにし、種と芯を取り除き、皮をむく。

2 縦3mm厚さに切り、横にしてマッチ棒状に切る（600g目安）。

3 鍋に**2**を入れ、グラニュー糖を加え、ときどきかき混ぜながら中火で沸騰させる。

4 ボウルに移し、スプーンなどでレモン果汁を静かに加え、表面になじませるように広げる。

5 上面にラップをぴったりと張り、冷めたら冷蔵庫でひと晩おく。

2日目
6 鍋に**5**を戻し入れ、グラニュー糖100gとペクチンを混ぜ合わせて加える。

7 焦がさないように混ぜながら、アクを取りながら中火で煮る。

8 鍋の中央が沸騰してから3～5分煮、残りのグラニュー糖を加え、アクを取りながらとろりとするまで煮る。

9 熱いうちに瓶に詰めてふたをし、逆さまにして完全に冷めるまでおく。

洋なしとカルダモンのジャム

1 カルダモンは瓶の底などで押さえて割り、瓶に入れる。

2 **8**のプレーンジャムを詰める。

洋なしのタタン風ジャム ✚ バニラアイスクリーム

洋なしのタタン風ジャム

材料 140㎖容量の瓶約4本分

1日目
　洋なし… 2〜3個（正味600g）
　グラニュー糖（キャラメルに使用）… 200g
　湯… 100㎖

2日目
　グラニュー糖… 150g
　ペクチン… 4g
　レモン果汁… 大さじ1
　バニラのさや… ½〜1本

1日目

1 洋なしはヘタを取って4〜6つ割りにし、種と芯を取り除き、皮をむく（600g目安）。

2 銅鍋にグラニュー糖を200g入れて中火にかけて溶かし、濃いめのキャラメル色になったら火を止める。湯を3回に分けて加え、キャラメルを溶かす。

3 2に1の洋なしを入れて混ぜる。鍋底にキャラメルがかたまっている場合は、再び火にかけてキャラメルを溶かす。

4 圧力鍋に移し、ふたをして中火にかけ、シューといったら（ピンが上がったら）ごく弱火にして2分煮、火を止める。そのまま圧力が下がるまでおく。

5 ふたをあけ、身と煮汁をボウルに移す。

6 上面にラップをぴったりと張り、冷めたら冷蔵庫でひと晩おいて、洋なしにキャラメルをしみ込ませる。

2日目

7 鍋に6を移し入れ、グラニュー糖100gとペクチンを混ぜ合わせて加え、レモン果汁を加える。

8 中火にかけ、沸騰させた状態で少しとろみがつくまで煮、ゴムベラで洋なしを好みの大きさにつぶす。

9 残りのグラニュー糖を加え、とろみがつくまで混ぜながら煮、火を止める。

10 バニラのさやはペティナイフで縦に切り込みを入れ、種をしごき出し、さやは細く切り、瓶に入る長さに切る。

11 10のバニラの種とさやを9に加え、再度沸騰させて火を止める。

12 熱いうちに瓶に詰めてふたをし、逆さまにして完全に冷めるまでおく。

りんごジャム

MEMO ●身近なりんごをおいしく煮るコツは、水分を見極めること。りんごの切り方を変えると違った味を楽しめる。カルバドスを入れると深みのある味わいに。同じ時期が旬のきんかんとの相性も二重丸。

|作る時期| 10～11月

りんごのプレーンジャム ✚ ウォッシュチーズ

りんごのプレーンジャム
作り方 >> p.68

りんごとキャラメルのジャム
作り方 >> p.69

りんごのプレーンジャム

材料　140ml容量の瓶約5本分
1日目
りんご（できれば紅玉）…3個（正味600g）
グラニュー糖…100g
水…150ml
2日目
グラニュー糖…170g
レモン果汁…大さじ1
レモンの皮のすりおろし…1個分

1日目
1 りんごは4つ割りにして種と芯を取り除き、さらに縦半分に切って皮をむく。

2 3mm厚さの薄切りにする（600g目安）。

3 鍋に2を入れ、グラニュー糖と水を加える。

4 ときどきかき混ぜながら、中火で沸騰させ、りんごが透明になってふっくらとするまで煮る。

5 ボウルに移し、上面にラップをぴったりと張り、冷めたら冷蔵庫でひと晩おく。

2日目
6 鍋に5を戻し入れる。

7 グラニュー糖100gとレモン果汁を加える。

8 焦がさないように混ぜながら、鍋の中央が沸騰してから3〜5分煮る。ときどきアクを取る。

9 残りのグラニュー糖を加え、少し汁気が残るくらいまで煮て、火を止める。

10 レモンの皮のすりおろしを加えて混ぜ、ひと煮立ちさせる。

11 熱いうちに瓶に詰めてふたをし、逆さまにして完全に冷めるまでおく。

りんごとキャラメルのジャム

材料　140㎖容量の瓶約5本分
1日目
　りんご（できれば紅玉）… 3個（正味600g）
　キャラメル用グラニュー糖… 200g
　湯… 100㎖
2日目
　グラニュー糖… 150g
　レモン果汁… 大さじ1

1日目

1 りんごは4つ割りにして種と芯を取り除き、皮をむき、薄切りにし、さらにマッチ棒状に切る（600g目安）。

2 銅鍋にキャラメル用グラニュー糖を入れて中火にかけて溶かし、濃いめのキャラメル色になったら火を止める。

3 湯を3回に分けて加え、キャラメルを溶かす。

4 キャラメルが落ち着いたら、1のりんごを入れて中火にかけ、りんごがふっくらとするまで煮る。

5 火を止めてボウルに移す。

6 上面にラップをぴったりと張り、冷めたら冷蔵庫でひと晩おく。

2日目

7 鍋に6を移し入れ、グラニュー糖とレモン果汁を加える。

8 中火にかけ、沸騰してから3分ほど煮る。ときどきアクを取る。

9 とろみがついてツヤが出たらでき上がり。

10 熱いうちに瓶に詰めてふたをし、逆さまにして完全に冷めるまでおく。

りんごのタタン風　カルバドス入り
➜ りんごのタタン風　きんかん入り

材料　140㎖容量の瓶約6本分
1日目
　りんご（できれば紅玉）…3個（正味600g）
　キャラメル用グラニュー糖…200g
　湯…100㎖
2日目
　グラニュー糖…150g
　レモン果汁…大さじ1
　カルバドス…大さじ2
➜ きんかん…100g

りんごのタタン風 カルバドス入り

1 りんごは4つ割りにして種と芯を取り除き、皮をむく（600g目安）。

2 銅鍋にキャラメル用グラニュー糖を入れて中火にかけて溶かし、濃いめのキャラメル色になったら火を止める。

3 湯を3回に分けて加え、キャラメルを溶かす。

4 キャラメルが落ち着いたら1のりんごを入れて混ぜ、3分ほど中火にかけて鍋底のキャラメルを溶かす。

5 圧力鍋に移し、ふたをして中火にかけ、シューといったら（ピンが上がったら）ごく弱火にして2分煮、火を止める。

6 そのまま圧力が下がるまでおき、ふたをあけ、身と煮汁をボウルに移す。

7 上面にラップをぴったりと張り、冷めたら冷蔵庫でひと晩おいて、りんごにキャラメルをしみ込ませる。

8 鍋に7を移し入れ、グラニュー糖とレモン果汁を加える。

9 中火にかけ、沸騰させた状態で少しとろみがつくまで煮、ゴムベラでりんごを好みの大きさにつぶす。ときどきアクを取る。

10 カルバドスを加えて混ぜる。

11 熱いうちに瓶に詰めてふたをし、逆さまにして完全に冷めるまでおく。

りんごのタタン風 きんかん入り

1 きんかんは4つ割りにして種を取り、水大さじ3、グラニュー糖30g（各分量外）とともに鍋に入れて煮る。

2 作り方10で、カルバドスは入れずに、やわらかく煮たきんかんを入れる。

3 とろりとしてツヤが出るまで煮る。

きんかんジャム

MEMO ● きんかんは種を取り除くのが手間だけれど、
きんかんが苦手な人もきっと好きになるおいしさ。
きんかんをふっくら煮上げるための水分を紅茶に代えてもおいしい。
パッションフルーツと組み合わせるのは、
師匠クリスティーヌさんのアイディア。

|作る時期| 12～1月

きんかんのプレーンジャム

きんかんの紅茶ジャム

きんかんのプレーンジャム
→ きんかんの紅茶ジャム

材料 140㎖容量の瓶約6本分

1日目
- きんかん… 1kg
- グラニュー糖… 200g
- 水… 100〜150㎖

2日目
- グラニュー糖… 250g
- レモン果汁… 大さじ1
- → 紅茶（アッサムなどミルクティーに向く茶葉を濃いめに淹れる）… 100〜150㎖
- → きび砂糖（あれば）… 100g

きんかんのプレーンジャム

1日目

1　きんかんは洗って水気をきり、ヘタを取る。

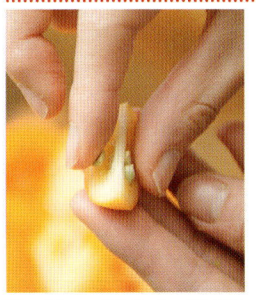

2　縦4つ割りにし、種を取り除く。

3　2を鍋に入れ、グラニュー糖、水50㎖を加えて中火にかけてふたをし、沸騰してから5分ほど煮る。ときどき混ぜる。

4　水分の量を確かめ、きんかんがひたひたになるまで残りの水を加える。

5　少しやわらかさが出て、全体にツヤが出てくるまで煮る。途中、種が出てきたら取り除く。

6　ボウルに移す。

7　上面にラップをぴったりと張り、冷めたら冷蔵庫でひと晩おく。

2日目

8　鍋に7を戻し入れる。グラニュー糖150g、レモン果汁を加えて中火にかけ、沸騰してから3〜5分煮る。

9　残りのグラニュー糖を加え、沸騰してから2〜3分煮、火を止める。

10　熱いうちに瓶に詰め、逆さまにして完全に冷めるまでおく。

→ きんかんの紅茶ジャム

1　水を使わず紅茶を使う。作り方3で紅茶50㎖を入れ、作り方4で残りの紅茶を入れる。

2　作り方8でグラニュー糖150gを入れ、作り方9できび砂糖100gを入れる。

3　うっすら紅茶色。熱いうちに瓶に詰めてふたをし、逆さまにして完全に冷めるまでおく。

きんかんパッションジャム ✚ バター ✚ パン・ド・カンパーニュ

きんかんパッションジャム

材料 140ml容量の瓶約7本分

1日目
きんかん…1kg
グラニュー糖…200g
水…100〜150ml

2日目
パッションフルーツ…1個
グラニュー糖…300g
レモン果汁…大さじ1

※国産のパッションフルーツの旬は6〜8月なので、中身をくり抜いて冷凍用保存袋に入れて冷凍しておいても。

1日目

1　きんかんは洗って水気をきり、ヘタを取る。

2　縦4つ割りにし、種を取り除く。

3　2を鍋に入れ、グラニュー糖、水50ml（パッションフルーツの果汁があれば使っても）を加えて中火にかけてふたをし、沸騰してから5分ほど煮る。

4　水分の量を確かめ、きんかんがひたひたになるまで残りの水を加え、少しやわらかさが出て、全体にツヤが出てくるまで煮る。

5　ボウルに移す。

6　上面にラップをぴったりと張り、冷めたら冷蔵庫でひと晩おく。

2日目

7　パッションフルーツは半分に切り、スプーンで中身を取り出してザルに入れ、果汁と種に分ける。

8　鍋に6を戻し入れ、グラニュー糖150g、レモン果汁、7のパッションフルーツ果汁を加えて中火にかけ、沸騰してから3〜5分煮る。

9　残りのグラニュー糖を加え、再度沸騰してから2〜3分煮る。

10　仕上げにパッションフルーツの種を入れる。

11　ひと煮立ちさせて火を止める。

12　熱いうちに瓶に詰めてふたをし、逆さまにして完全に冷めるまでおく。

かりんジュレ

MEMO ● 白濁したかりんのエキスも、グラニュー糖とレモンを入れてアクを取り続けると、美しいピンク色に。瓶の中にバラの花びらを入れておくと、保存している間に花びらが開き、色も出てくる。スパイスとの相性もよい。水はかりんの重量の2.5倍量。マルメロを使う場合は産毛を布巾でぬぐい、洗ってから使う。

┃作る時期┃ 10〜11月

かりんのプレーンジュレ
作り方 >> p.78〜p.79

かりんのバラの花びら入りジュレ

かりんのスパイス入りジュレ

かりんのバラの花びら入りジュレ
かりんのスパイス入りジュレ

作り方 >> p.78～p.79

かりんのプレーンジュレ
→● かりんのバラの花びら入りジュレ
→● かりんのスパイス入りジュレ

材料 140㎖容量の瓶約6本分
1日目
　かりん…3個（約1kg）
　水…2.5ℓ
2日目
　グラニュー糖…840g
　ペクチン…24g（1.2ℓのかりんエキスに対しての量）
　レモン果汁…40㎖
● バラの花びら（乾燥。ハーブティー用）…12枚くらい
● シナモンパウダー…小さじ1
● ミックススパイスパウダー…小さじ1
● レモンの皮のすりおろし…1個分

かりんのプレーンジュレ

1日目
1 かりんは洗って皮や芯、種をつけたまま横半分に切り、さらに4〜8等分に切る。

2 鍋に1、水を入れて中火にかけ、沸騰したら、ふたをして2時間ほど弱火で煮る。

3 そのまま冷まし、ひと晩おく。

2日目
4 3を万能漉し器にあけ、かりんエキス（煮汁）を量る（1.2ℓ目安）。実は使わない。

5 4のかりんエキスを鍋に入れ、グラニュー糖340gを加える。

6 中火にかけて混ぜ、アクを取りながら15分ほど沸騰させる。

7 グラニュー糖250gにペクチンを加えて混ぜる。

8 6の鍋に7を加えて混ぜる。泡立て器でよく混ぜて、ペクチンがダマにならないようにする。

9 ときどきアクを取り、10分ほど沸騰させる。

10 レモン果汁を加えて混ぜる。

11 常にかき混ぜながら、出てきたアクをゴムベラで取り除く。

12 残りのグラニュー糖を加える。

13 ゴムベラでかき混ぜながら10分ほど沸騰させる。

14 白い泡が一面に浮いてきたらとろみがついた証拠。

15 アクをていねいに取り除く。

16 熱いうちに瓶に詰めてふたをし、逆さまにして完全に冷めるまでおく。

かりんのバラの花びら入りジュレ

1 瓶にバラの花びらを入れる。

2 16のプレーンジュレを熱いうちに瓶に詰めてふたをし、逆さまにして完全に冷めるまでおく。

かりんのスパイス入りジュレ

1 作り方15でアクを取り除いたら、シナモンパウダーとミックススパイスパウダーを加える。

2 泡立て器で混ぜてスパイスを溶かしながら沸騰させる。

3 レモンの皮をすりおろして加え、再度沸騰させる。

4 熱いうちに瓶に詰めてふたをし、逆さまにして完全に冷めるまでおく。

ゆずジャム

MEMO ● ゆずの季節に作る、和の香りのするジャム。
グラニュー糖はゆずの重量の60%。
熱湯を注いでゆず茶にしてもおいしい。

┃作る時期┃12～1月

ゆずのプレーンジャム

材料 140ml容量の瓶約4本分
1日目
　ゆず…大6個（正味500g）
　グラニュー糖…100g
　水…100ml
2日目
　グラニュー糖…200g

1日目

1 ゆずは洗って横半分に切り、身をスプーンでくり抜く。

2 皮はくし形に切り、白い部分を削ぎ落とす。

3 2cm幅に切り、さらにせん切りにする。

4 鍋にたっぷりの水（分量外）を入れ、3を加えて中火にかける。沸騰してから1分ほどゆでる。

5 ザルに上げて水気をきる。ゆずの皮はすぐにやわらかくなるので、さっとゆでるだけでよい。

6 1の身は白い筋、種を取り除く。身は房の中に入っている状態でよい。

7 ボウルに6を入れ、5の皮を加えて重量を量る（500g目安）。

8 鍋に身と皮を入れ、グラニュー糖100gを加えて火にかける。

9 水を加え、沸騰させる。ボウルに移し、上面にラップをぴったりと張り、冷めたら冷蔵庫でひと晩おく。

2日目

10 鍋に9を戻し入れ、グラニュー糖100gを加えて沸騰させる。

11 煮ている間に種が出てきたら取り除く。

12 残りのグラニュー糖を加え、全体にふっくらととろみがついたら火を止める。

13 熱いうちに瓶に詰めてふたをし、逆さまにして完全に冷めるまでおく。

梅ジャム・ジュレ

MEMO ● 梅は使うタイミングで青梅から黄梅までのいろいろな味、色が楽しめる。
ジュレは、庭で採れた梅など、皮に傷があるときや、梅ジャムを作ったときに取った種や皮の利用法。
グラニュー糖は梅と梅エキスの合計重量の80%。

|作る時期|6月

青梅のジャム
黄梅のジャム

材料　140㎖容量の瓶約7本分

1日目
　梅（青梅・黄梅共通）… 1.2kg（正味800g）
　グラニュー糖… 240g

2日目
　梅エキス（作り方6〜7参照）… 100㎖
　グラニュー糖… 480g

※青梅は前日に水につけておく。

青梅のジャム　　　　　　　　　　黄梅のジャム

青梅のジャム

1日目

1　青梅はひと晩水につけておいたものを使う（前日に用意）。

2　1の青梅の水気をきり、ヘタを竹串で取り除く。

3　浅めの鍋またはフライパンに2を入れ、中火でゆでる。

4　沸騰直前に指で実をさわってみて、やわらかくなっていたら火を止め、ザルに上げる。実ははじけていてもOK。

5　冷めたら、ビニール手袋をつけて実を握りつぶすようにして身と種に分ける（身は800g目安）。種はまとめてとっておく。

6　梅エキスを作る。鍋に種を入れ、およそ種の5倍量の水を入れる。

7　弱火にかけてふたをし、沸騰しはじめたらふたをずらし、1時間30分ほど煮る。火を止め、冷めたら使ってもよいが、できればひと晩おく。

8　別の鍋に5の梅の身とグラニュー糖を入れて混ぜる。

9　中火にかけ、鍋の中心が沸騰して身が煮くずれるまで、混ぜながら煮る。

10　ボウルに移し、上面にラップをぴったりと張り、冷めたら冷蔵庫でひと晩おく。

2日目

11　鍋に10を戻し入れ、7の梅エキス100㎖（種は除く）を加える。

12　グラニュー糖を3回に分けて加え、その都度沸騰させ、焦がさないように常にかき混ぜながら煮る。

13　最後に沸騰させて火を止める。

14　熱いうちに瓶に詰めてふたをし、逆さまにして完全に冷めるまでおく。

黄梅のジャム

1　黄梅はひと晩水につけておく必要はなく、洗ってヘタを取ったらゆで、皮がはじける直前にザルに上げる。

2　あとは青梅ジャムの作り方と同様にして煮、瓶に詰めてふたをし、逆さまにして完全に冷めるまでおく。

梅のプレーンジュレ

材料 140mℓ容量の瓶約 4 本分
梅エキス(p.83 の作り方 **6** ～ **7** 参照)… 1kg
グラニュー糖… 800g
ペクチン… 20g

1 青梅のジャムの作り方7の梅エキスをザルで漉し、液体のみを計量する（1kg目安）。

2 グラニュー糖300gとペクチンを混ぜ合わせる。

3 鍋に1を入れて中火にかけ、2を加えて混ぜる。

4 焦がさないように混ぜながら、沸騰させながら煮る。

5 アクが出たらていねいに取り除き、10分ほど煮る。

6 グラニュー糖300gを加える。

7 アクをていねいに取りながら煮る。

8 残りのグラニュー糖を加える。

9 グラニュー糖がよく溶けるように、泡立て器で混ぜる。

10 ゴムベラで混ぜながら沸騰させる。

11 アクを取ってとろりとするまで煮、きれいな色に仕上げる。

12 熱いうちに瓶に詰めてふたをし、逆さまにして完全に冷めるまでおく。

ジンジャージャム

MEMO ● 新しょうがを使う。
炭酸水を注げばジンジャーエール、
熱湯を加えればホットジンジャードリンク、
紅茶に入れればしょうが紅茶。

|作る時期| 6〜8月

ジンジャージャム

材料 140㎖容量の瓶約7本分
新しょうが…正味1kg
グラニュー糖…800g
きび砂糖…200g
レモン果汁…50㎖

1　しょうがは皮をむく。

2　適当な大きさに切り分ける。

3　2をフードプロセッサーに入れて撹拌し、細かいみじん切りにする。

4　鍋に3を入れ、グラニュー糖、きび砂糖を加える。

5　レモン果汁を加える。

6　全体に混ぜ合わせ、そのまま15分ほどおく。

7　汁気が出てきたら火にかけ、はじめは中火、沸騰してきたら弱火にして15〜20分煮る。

8　とろみがつき、ゴムベラで混ぜたとき、鍋の底が一瞬見えるくらいまで煮詰めたら火を止める。

9　熱いうちに瓶に詰める。

10　瓶のギリギリ上まで詰めて、ふたをする。

11　逆さまにして完全に冷めるまでおく。

ジンジャージャム ✛ 炭酸水

バナナジャム

MEMO ●完熟でもよいし、あまり甘くないものでもOK。
バナナは煮上がりが早いので、思い立ったらすぐできるのがよい。
色が変わりやすいバナナは、チョコレートを入れるのもおすすめ。
または、オレンジ果汁と一緒に煮ると見た目もキレイ。

▍作る時期▍通年

バナナオレンジジャム
作り方 >> p.90

バナナショコラジャム
作り方 >> p.91

バナナキャラメルジャム
作り方 >> p.91

バナナジャム３種 ✚ ブリオッシュ生地のトーストパン

バナナオレンジジャム

材料　140㎖容量の瓶約5本分
1日目
　バナナ…5〜6本（正味500g）
　グラニュー糖…150g
　オレンジ果汁…200㎖
　レモン果汁…大さじ1
2日目
　グラニュー糖…100g
　オレンジの皮のすりおろし…½個分

1日目

1 バナナは皮をむいて筋を取り除く。

2 両端の茶色くなっている部分を切り落とす。

3 5mm厚さの輪切りにする。

4 鍋に3を入れ、グラニュー糖を加える。

5 オレンジ果汁を加えて中火にかける。

6 沸騰させ、焦げないように混ぜながらバナナに火を通す。

7 ボウルに移し、表面にレモン果汁を回し入れて広げ、なじませる。

8 上面にラップをぴったりと張り、冷めたら冷蔵庫でひと晩おく。

2日目

9 鍋に8を戻し入れる。

10 グラニュー糖を加えて混ぜ、中火にかけ、ツヤが出てとろりとするまで煮る。

11 オレンジの皮をすりおろして加え、再度沸騰させて火を止める。

12 熱いうちに瓶に詰める。

13 濃度があって瓶にすき間が空くときは、スプーンなどで空気を抜いて詰める。ふたをし、逆さまにして完全に冷めるまでおく。

バナナショコラジャム

材料 140㎖容量の瓶約6本分
1日目
　バナナ…5〜6本（正味500g）
　グラニュー糖…50g
　オレンジ果汁…100㎖
　レモン果汁…小さじ1
2日目
　グラニュー糖…30g
　製菓用チョコレート（ビター）…90g

1日目
1　バナナは皮をむいて筋を取り除き、両端の茶色くなっている部分を切り落とし、5mm厚さの輪切りにして鍋に入れ、グラニュー糖とオレンジ果汁を加える。

2　中火にかけ、焦げないように混ぜながらバナナに火を通す。

3　ボウルに移し、表面にレモン果汁を回し入れて広げ、なじませる。上面にラップをぴったりと張り、冷めたら冷蔵庫でひと晩おく。

2日目
4　鍋に3を戻し入れ、グラニュー糖を加えて混ぜる。

5　中火にかけて混ぜ、グラニュー糖を溶かす。チョコレートを加えて混ぜながら溶かす。

6　熱いうちに瓶に詰め、逆さまにして完全に冷めるまでおく。

バナナキャラメルジャム

材料 140㎖容量の瓶約6本分
1日目
　バナナ…5〜6本（正味500g）
　グラニュー糖…70g
　オレンジ果汁…200㎖
　レモン果汁…大さじ2
2日目
　キャラメルペースト…100g
　　グラニュー糖 40g　水あめ 10g
　　バター 10g　生クリーム 60㎖
　ラム酒…大さじ1

1日目
1　バナナショコラジャムの作り方1〜3を参照して作り、冷蔵庫でひと晩おく。

2日目
2　鍋にグラニュー糖と水あめを入れて火にかけ、グラニュー糖が溶けてキャラメル色になるまで煮て、火を止める。

3　バターを加え、混ぜながら余熱で溶かす。

4　3の鍋を再度火にかけ、温めた生クリームを少しずつ加えて、混ぜながらペースト状にする。

5　別の鍋に1を戻し入れて火にかけ、4のキャラメルペーストを加えて混ぜ合わせる。

6　仕上げにラム酒を加えて混ぜる。熱いうちに瓶に詰めてふたをし、逆さまにして完全に冷めるまでおく。

パイナップルマーマレード・ジャム

MEMO ● 沖縄産のパインで作るとよりおいしい。
ローズマリーは香りが強いので、鍋の中に加えずに瓶の中に入れる。
同じ南国育ちのパッションフルーツとの相性がよく、
種が食感のアクセントにもなる。

|作る時期| 4～8月

パイナップルのプレーンマーマレード　　　　　　　パイナップルとローズマリーのマーマレード

パイナップルのプレーンマーマレード
→ パイナップルとローズマリーのマーマレード

材料 140㎖容量の瓶約6本分
1日目
　パイナップル…正味900g（果汁も合わせて）
　グラニュー糖…200g
2日目
　グラニュー糖…230g
　レモン果汁…大さじ2
→ ローズマリー（やわらかい部分）…適量

パイナップルのプレーンマーマレード

1日目

1 パイナップルは葉の部分を取り、上部と下部をそれぞれ1cmほど切り落とし、皮をむく。

2 側面のかたい部分をピーラー（先が尖っているタイプ）またはナイフで取り除く。果汁が出るので、ボウルの上で作業する。

3 茶色い部分が残らないように、きれいに取り除く。

4 縦4つ割りにし、芯を切り落とす。

5 縦5mmの厚さに切る。

6 繊維に沿ってマッチ棒状に切る。

7 6を鍋に入れ、ボウルにたまった果汁も漉して加える（900g目安）。グラニュー糖を加えて中火にかける。

8 絶えずかき混ぜながら沸騰させる。身がしんなりとやわらかくなったら火を止める。

9 ボウルに移し、上面にラップをぴったりと張り、冷めたら冷蔵庫でひと晩おく。

2日目

10 鍋に9を戻し入れ、グラニュー糖130gとレモン果汁を加え、焦がさないようにかき混ぜながら煮る。

11 火を止め、ハンディフードプロセッサーでつぶしてピュレ状にする。

12 再度火にかけ、残りのグラニュー糖を加え、アクを取りながら煮る。

13 ゴムベラで混ぜたとき、鍋底が一瞬見えるくらいまでとろみがついたらでき上がり。

14 熱いうちに瓶に詰めてふたをし、逆さまにして完全に冷めるまでおく。

▶ パイナップルとローズマリーのマーマレード

1 ローズマリーを瓶に入る長さに切って入れる。

2 14のプレーンマーマレードを熱いうちに詰めてふたをする。

パイナップルパッションジャム ✚ バニラアイスクリーム

パイナップルパッションジャム

材料 140ml容量の瓶約6本分
1日目
    パイナップル…正味900g（果汁も合わせて）
    グラニュー糖…200g
2日目
    パッションフルーツ…2個
    グラニュー糖…250g
    レモン果汁…大さじ2

1 パイナップルのプレーンマーマレードの作り方1～9を参照して作り、冷蔵庫でひと晩おく。

2 パッションフルーツは半分に切る。

3 スプーンで中身を取り出してザルに入れる。

4 スプーンで漉すようにしながら、果汁と種に分ける。

5 鍋に1を戻し入れる。

6 グラニュー糖150gとレモン果汁を加える。

7 4のパッションフルーツ果汁を加えて中火にかけ、沸騰してから3～5分煮る。

8 残りのグラニュー糖を加え、再度沸騰してから2～3分煮る。

9 アクが出てきたらていねいに取り除く。

10 仕上げにパッションフルーツの種を入れ、ひと煮立ちさせて火を止める。

11 熱いうちに瓶に詰める。

12 めいっぱい詰め、ふたをして逆さまにして完全に冷めるまでおく。

キャラメルジャム

MEMO ● 塩バターキャラメルジャムは塩を入れすぎるとくどくなるので注意。塩の産地やバターの種類を替えてみるのもおもしろい。キャラメルは自分の好みのグラニュー糖の焦がし具合を見つけるとよい。
┃作る時期┃通年

塩バターキャラメルジャム

材料 140mℓ容量の瓶約6本分
生クリーム…380mℓ
グラニュー糖…330g
バター（有塩）…150g
水…40mℓ
塩（フルール・ド・セル）…小さじ½

塩バターキャラメルジャム

キャラメルバニラジャム

キャラメルバニラジャム

材料 140mℓ容量の瓶約6本分
生クリーム…380mℓ
バニラのさや…1本
グラニュー糖…330g
はちみつ…30g
バター…150g
水…40mℓ

塩バターキャラメルジャム

1 生クリームは鍋に入れて温めておく。

2 銅鍋にグラニュー糖、バター、水を入れて中火にかける。

3 ゴムベラでかき混ぜながら、香ばしいキャラメル色になるまで煮る。

4 **1**の温めておいた生クリームを3回に分けて加える。

5 その都度よく混ぜてなめらかにする。

6 塩を加えて混ぜ、塩を完全に溶かす。

7 さらっとしているので鍋から直に瓶に詰めてふたをし、逆さまにして冷ます。

キャラメルバニラジャム

1 バニラのさやはペティナイフで縦に切り込みを入れ、種をしごき出す。

2 生クリームは鍋に入れ、**1**のバニラのさやと種を加えて温めておく。

3 グラニュー糖を量り、そこにはちみつを足す。

4 銅鍋に**3**のグラニュー糖、はちみつ、バター、水を入れて中火にかける。

5 ゴムベラでかき混ぜながら、香ばしいキャラメル色になるまで煮ていく。

6 キャラメル色になったら火を止め、**2**の温めておいた生クリームを3回に分けて加え、その都度よく混ぜる。バニラのさやは除いておく。

7 バニラのさやを瓶に入る長さに切って加えて、でき上がり。熱いうちに瓶に詰めてふたをし、逆さまにして冷めるまでおく。

97

ノエルジャム

MEMO 一年分の果実の集大成のような贅沢なジャム。
フランスのアルザス地方ではクリスマスの時季にだけ
街中で見かけるジャム。
かりんのエキスの代わりに
りんごの皮からとったエキスを使ってもよい。

▌作る時期▌ 12月

ノエルジャム ✚ ブリオッシュ

材料 140mℓ容量の瓶約7本分
かりんエキス(p.78)… 750mℓ
かりんのプレーンジュレ(p.78)や梅のプレーンジュレ(p.84)… 200g
はっさくジャムなど柑橘類のジャムまたはベリー類のジャム… 150g
ドライいちじく… 100g
ドライプルーン… 60g
ドライあんず… 50g
ミックスレーズン… 100g
オレンジピールまたはレモンピール(刻んだもの)… 80g
グラニュー糖… 150g
クルミまたはアーモンド(150〜160℃のオーブンで10分ローストして刻んだもの)… 50g
ミックススパイスパウダー… 小さじ1
レモンの皮またはオレンジの皮のすりおろし… 1個分

1 ドライいちじくとドライプルーンは湯洗いして1cm角に刻む。ドライあんずは湯洗いして5mm角に刻む。ミックスレーズンも湯洗いしてザルに上げる。

2 鍋にかりんエキスとドライいちじくを入れて中火にかけ、沸騰させる。

3 かりんのプレーンジュレを加えて混ぜる。

4 はっさくジャムを加えて混ぜる。

5 ドライあんず、ミックスレーズン、オレンジピール、ドライプルーンを加えて混ぜる。

6 沸騰したらグラニュー糖を加えて混ぜ、沸騰させながらアクを取る。

7 とろみがついたらクルミを加えて混ぜる。

8 ミックススパイスパウダーを加えてよく混ぜる。

9 仕上げにレモンの皮をすりおろして加える。

10 ひと煮立ちさせて火を止める。

11 熱いうちに瓶に詰めてふたをし、逆さまにして完全に冷めるまでおく。

ミックスジャムと2層ジャム

ふたつのジャムを混ぜ合わせるのがミックスジャム、ふたつのジャムをひとつの瓶に2層にして詰めるのが2層ジャム。2層ジャムははじめから混ぜて食べてもよいし、瓶のふたをあけて上から使っていき、途中でミックスのおいしさを味わい、次に下のジャムを楽しむこともできます。見た目にもきれいな、新しいジャムの楽しみ方です。

ミックスジャムの作り方

1 ふたつのジャムをそれぞれ作る。

2 片方の鍋の中にもう片方のジャムを加える。

3 全体に混ぜ、再度火にかける。

4 ひと煮立ちしたら火を止め、瓶に詰めてふたをし、逆さまにして完全に冷ます。

2層ジャムの作り方

1 ふたつのジャムを作り、熱いうちにひとつ目のジャムを瓶の半分の高さまで入れる。

2 そのまま冷まし、冷めたらふたつ目のジャムを火にかけ、ひと煮立ちさせて加える。

3 ふたつ目のジャムは、ひとつ目のジャムが動かないようにそっと入れる。

4 上までめいっぱい詰め、ふたをし、逆さまにして完全に冷ます。

ミックスジャム

いちごのプレーンジャム ✚ 文旦のプレーンジャム　　　　あんずのプレーンジャム ✚ ジンジャージャム

2層ジャム

MEMO1 ● 色の濃いもの同士で作る場合は問題ないが、濃い色と薄い色で作る場合は、
1ヶ月くらいはきれいなグラデーションだが、
保存が長くなると、色が濃いほうから薄いほうへ移り、混ざり合ってしまうので注意。
MEMO2 ● 下層にするジャムはいちごやきんかんジャムなど、果実がごろごろしたタイプを選ぶ。
またはゆずやブルーベリーなどペクチンの強いフルーツのジャムを選ぶとよい。
上層にするジャムはかりんのジュレのような透明感があるもの、
比較的さらっとしている洋なしやプルーン、桃などのジャムを選ぶ。
下層、上層とも、かたさのあるものを選んでもよい。逆にやわらかいジャム同士を組み合わせて、
瓶の中でマーブル状にすることも可能。

ラズベリーのプレーンジャム ✚ グレープフルーツのはちみつ入りジャム

青梅のジャム ✚ 梅のプレーンジュレ

きんかんパッションジャム ✚ パイナップルとローズマリーのマーマレード　　　　ブルーベリーのプレーンジャム ✚ 白桃とローリエのジャム

ジャムを楽しむお菓子

新鮮なフルーツで作るジャムはそれだけでも十分おいしいけれど、お菓子に使うのもおすすめ。フルーツの自然の色は、お菓子を華やかに見せてくれるだけでなく、そのフレッシュな香りとコクが、おいしさを作ります。同じお菓子でも使うジャムを替えるだけで違った味わいに。季節感のあるお菓子が楽しめます。

メレンゲとジャム、クレームエペス

ジャムをデザートソースとして考えたら、楽しみ方が増えます。
わたしのお気に入りは、かるい口当たりのメレンゲに
濃厚なクレームエペスとジャムの組み合わせ。
メレンゲは焼き上がりを天板の上でそのまま冷ますと
湿気ることがあるので、すぐにシリカゲル（乾燥剤）の入った
保存容器に移すのがおすすめです。

材料　（5×7cmのもの約12個分）
メレンゲ
　卵白… 80g
　グラニュー糖… 80g
好みのジャム…適量
クレームエペス*…適量
＊クレームエペス……生クリームを発酵させたもので、フランスではポピュラー。生クリームのコクとクリーミーさは変わらず、サワークリームより酸味が少ないのが特徴。

1　ボウルに卵白を入れてかるくほぐし、グラニュー糖大さじ1を加える。

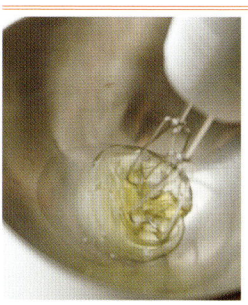

2　ハンドミキサーで泡立てる。

3　泡立てた跡がうっすら残るくらいになったら、残りのグラニュー糖の半量を4回に分けて加える。

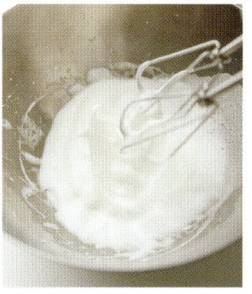

4　さらに泡立て、角がおじぎをするくらいのかたさにする。

5　残りのグラニュー糖を加える。

6　角が立つまでしっかりと泡立てる。

7　星の口金をつけた絞り袋に入れる。

8　オーブンシートを敷いた天板に波形に絞り出し、100～110℃に予熱したオーブンで約3時間焼く。

9　焼き上がったらオーブンシートからはがす。ジャム、クレームエペスとともに器に盛る。

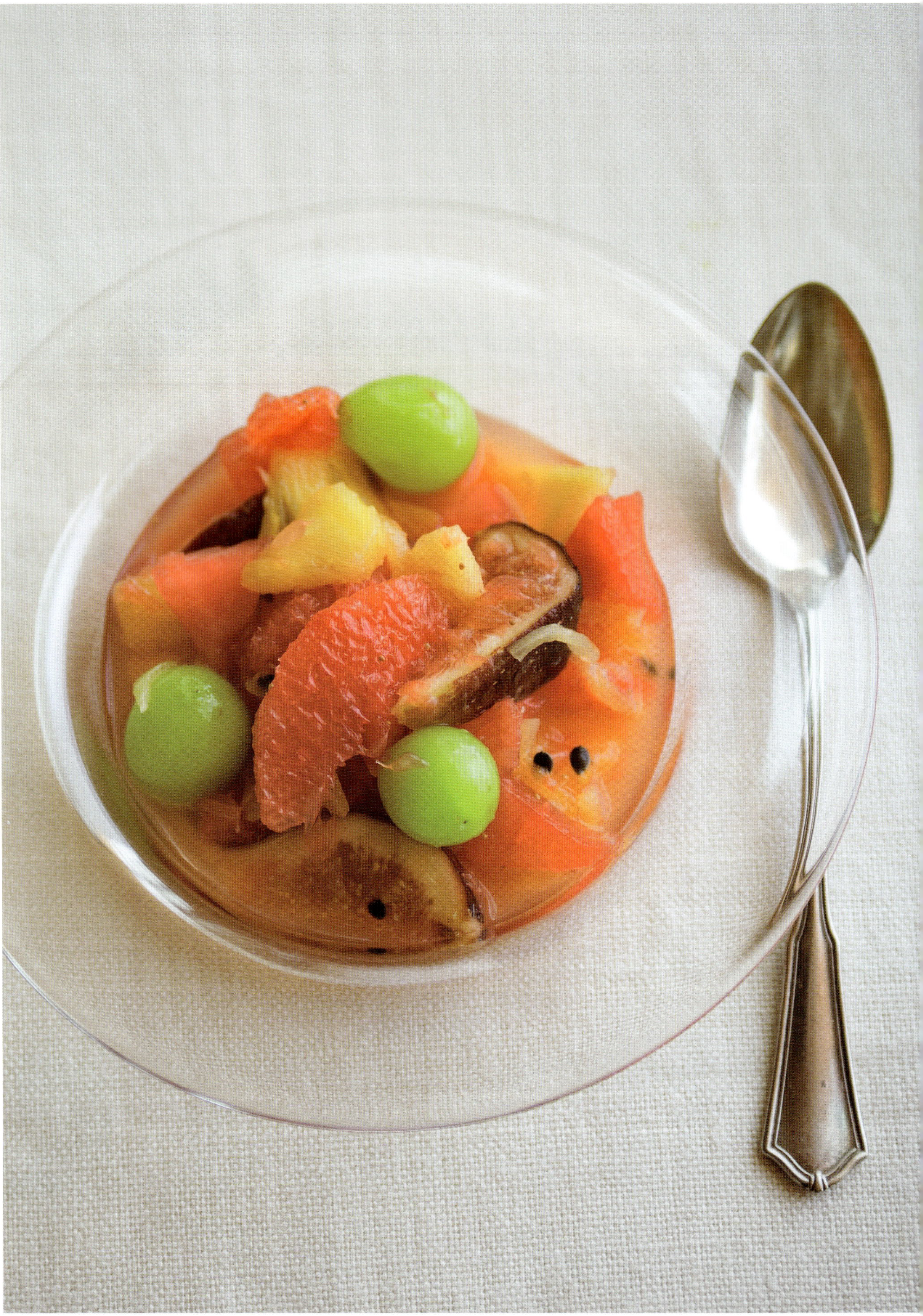

フルーツマリネ

ジャムを砂糖代わりに使った、簡単フルーツマリネ。
ジャムは隠し味のような役割もあって、フルーツマリネの味に深みが出ます。
冷蔵庫の中に眠っているジャム、
少し残ってしまったジャムの利用法としてもおすすめです。

材料 （約4人分）
いちじく、パイナップル、すいか、ぶどう、グレープフルーツ（ルビー）
　　…果汁も合わせて 500g
パイナップルパッションジャム（p.94 参照）…大さじ 2 〜 3

1 いちじくは縦8等分に切る。

2 パイナップル、すいかは薄切りにして食べやすい大きさに切り、ぶどうはひと粒ずつにする。グレープフルーツは薄皮をむき、果汁も一緒にしておく。

3 ボウルにすべてのフルーツを入れ、ジャムを加える。

4 スプーンなどで混ぜ合わせる。

5 ラップをして冷蔵庫に入れ、果汁が出てくるまで30分ほどおく。

フルーツマリネを果汁ごとグラスに入れ、炭酸水を注ぎ入れ、ライムやレモンの薄切りをのせても。

ぶどうジンジャーライムゼリー

夏〜秋によく作るぶどうのゼリーを、ここではジャムを使って作ります。
手間をかけて作ったぶどうジャムにワインを加えてゼリーに仕立てるなんて、
なんて贅沢。ライムとしょうがの搾り汁を加えるのがおいしさのポイントです。

材料 （約3人分）
グラニュー糖… 10g
カラギーナン*…8g
水… 200㎖
白ワイン（甘口。または赤ワインやぶどうジュース）… 100㎖
ぶどうの白ワインジャム（p.57 参照）… 160g
しょうがの搾り汁…小さじ ¼
ライム果汁…小さじ 1
ライムの皮のすりおろし… ½ 個分
炭酸水…適量
ライムのくし形切り… 3 切れ
＊カラギーナン……ゼリーを作るときなどに使われるゲル化剤。

1 グラニュー糖にカラギーナンを加えてよく混ぜる。

2 鍋に分量の水を入れて中火にかけ、沸騰したら 1 を加えながら混ぜる。

3 泡立て器で混ぜながら 1 分間しっかりと沸騰させる。

4 白ワインを加えて混ぜる。

5 ジャムを加え、鍋の縁が沸騰してきたら火を止める。

6 しょうがの搾り汁、ライム果汁を加える。

7 ライムの皮をすりおろして加える。

8 バットに流し入れる。

9 ラップをぴったりと張り、冷めたら冷蔵庫に入れて冷やしかためる。

10 かたまったら冷蔵庫から取り出し、スプーンなどでかく。

11 グラスに 10 を入れる。

12 炭酸水を少し加え、ライムを飾る。

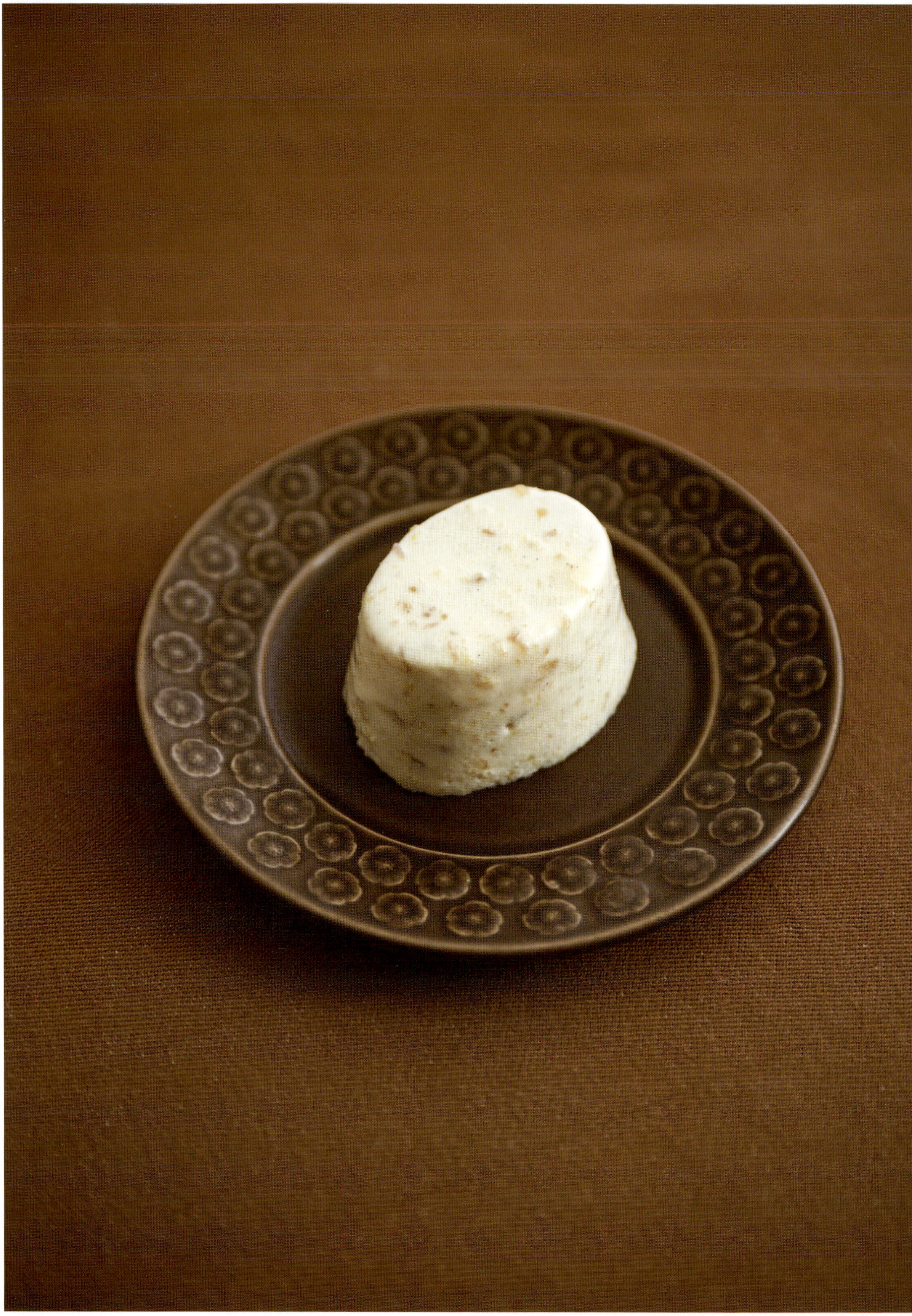

和栗のババロア

ジャムを"お菓子の材料"として考えると、いろいろなお菓子ができます。
ここでは和栗ジャムを使って、ババロアを作ります。
手作りならではの栗のごろごろ感が楽しめるのが魅力。
和栗ジャムのほか、いちごジャム、ブルーベリージャムで作っても。

材料 （6×8cmのオーバル型3個分）
和栗ジャム（和栗のラム酒入りジャムまたは和栗とバニラのジャム。p.60 参照）
　… 130g
板ゼラチン…3g
ラム酒…5mℓ
生クリーム… 110mℓ

1 板ゼラチンは氷水に入れ、冷蔵庫に10〜15分おいてふやかす。

2 ジャムは鍋に入れてゴムベラでかき混ぜ、フツフツしてきたら火を止める。

3 小さなボウルに水気をきった1のゼラチンとラム酒を入れ、湯せんにかけて溶かす。

4 3に2を加える。

5 ゴムベラでよく混ぜ合わせる。

6 ボウルの底を冷たい水に当てて、粗熱を取る。

7 生クリームは別のボウルに入れて泡立て器で7分立てにする。

8 6に7の生クリームを2回に分けて加え、その都度ゴムベラでムラなく混ぜる。

9 オーバル型に流し入れる。

10 表面を平らにし、冷蔵庫に1時間以上入れて冷やしかためる。

11 型から取り出すときは、まず型を湯に3〜5秒つける。

12 水をつけた指でババロアの縁を少し内側に引っ張るようにして、ババロアを型から離し、器にひっくり返す。

パイナップルレアチーズケーキ

ジャムがあればフルーティーな
レアチーズケーキがすぐに作れます。
市販のフルーツピュレを買うより手軽。
ここではパイナップルマーマレードを
使いましたが、桃、あんず、りんご、
柑橘系のジャムを使うのもおすすめです。

材料（直径15cmのセルクル型1台分）
無糖ヨーグルト… 300g
板ゼラチン… 4.5g
ラム酒… 大さじ½
パイナップルのプレーンマーマレード（p.92参照）… 100g
クリームチーズ… 90g
グラニュー糖… 10g
生クリーム… 70ml
パイナップル… 適量

1 ボウルの上にザルをのせてコーヒーフィルターをおき、ヨーグルトを入れて2時間ほどおく（約130gになる）。

2 板ゼラチンは氷水に入れ、冷蔵庫に10～15分おいてふやかす。

3 ふやかしたゼラチンの水気を絞り、ラム酒を加える。

4 3を湯せんにかけて溶かす。かけすぎると逆にかたまることがあるので注意。

5 湯せんからはずし、温かいうちにパイナップルマーマレードを加えて混ぜる。

6 別のボウルにクリームチーズを入れて練り、グラニュー糖を加えて混ぜる。

7 少しやわらかくなったら、1の水きりヨーグルトを2回に分けて加え、なめらかになるまで混ぜる。

8 別のボウルに生クリームを入れ、氷水に当てながら角が立つまで泡立てる。

9 5のパイナップルマーマレードは、氷水に当てながらとろみをつける。

10 とろみがついたら7のボウルに加えて混ぜる。

11 続いて、8の泡立てた生クリームを加えて混ぜる。

12 厚紙を敷いておいたセルクル型に流し入れる。

13 ゴムベラで表面を平らにならしラップをし、冷蔵庫に3時間以上入れて冷やしかためる。

14 かたまったら冷蔵庫から取り出し、型をはずし、パイナップルを薄切りにして飾る。

ジャムサンドサブレ

ほろっとしたかるい口当たりのサブレを使ったお菓子です。
好みのジャムで作ればよいのですが、
サブレのサクサク感を保つために、
比較的かたさのあるジャムを選ぶことがポイント。
繊細なサブレは割れやすいので、ジャムをぬるときはていねいに。
作りたてのはかないおいしさを味わってください。

材料（作りやすい分量）
サブレ生地
　バター（室温にもどす）… 270g
　グラニュー糖… 140g
　塩… 1g
　卵黄… 1個分
　アーモンドパウダー… 70g
　薄力粉… 375g
　ベーキングパウダー… 1g
みかんのグランマルニエ入りジャム(p.20参照)、
ラズベリーのプレーンジャム(p.38参照)、
塩バターキャラメルジャム(p.96参照)、
　粉砂糖…各適量

1 ボウルにバターを入れてやわらかく練り、グラニュー糖、塩を加えて白っぽくなるまで泡立て器で混ぜる。

2 卵黄を加えてさらに混ぜる。

3 アーモンドパウダーを加えて混ぜ合わせる。

4 薄力粉とベーキングパウダーを合わせてふるい、3に加える。

5 ゴムベラなどでしっかりと混ぜていく。

6 ひとつにまとまるくらいになったらOK。

7 ボウルから出して平らにし、ラップに包んで冷蔵庫でひと晩休ませる。

8 次の日ラップを取り、オーブンシートにはさんで2mm厚さにのばす。

9 かぶせていたオーブンシートを取り、直径6cmの型で抜き、そのうち半量は直径2cmの型で穴をあける。2枚1組になるように枚数を合わせる。

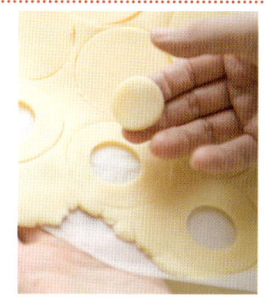

10 真ん中の直径2cmの丸い生地は抜き取る。

11 オーブンシートを敷いた天板に並べ、180℃に予熱したオーブンで15分ほど焼く。

12 焼き上がったら粗熱を取る。これでジャムをサンドする準備ができた。

13 穴のあいていないサブレに好みのジャムをぬり、穴のあいているサブレ半量を重ねる。

14 残りのサブレには粉砂糖をふる。

15 粉砂糖をふったサブレを重ねる。

16 真ん中の穴にジャムを詰めて仕上げる。直径2cmのサブレも一緒に盛りつける。

りんごのクランブルタルト

米油を使って作るタルト生地は休ませる必要がないので簡単。
ジャムはオーブンで焼くと煮詰まって乾燥してしまうので、
クランブルにして、ジャムをおおうようにして焼き上げます。
本来はりんごのソテーを入れて作る"りんごのタルト"を、
手軽な方法にしてみました。

材料（直径21cmのセルクル型または底が取れるタイプの丸型1台分）
薄力粉… 150g
アーモンドパウダー… 20g
ココナッツファイン… 10g
塩… 1g
黒砂糖（粉末）… 30g
米油… 45ml
牛乳… 25〜30ml
りんごとキャラメルのジャム（p.67参照）… 160g
シナモンパウダー… 少々

1 ボウルに薄力粉、アーモンドパウダー、ココナッツファイン、塩、黒砂糖を入れて混ぜる。

2 米油を表面全体にふり入れるようにして加え、まずはスプーンで大きくかき混ぜる。

3 スプーンについた生地はボウルに戻し、手でていねいに生地をこすり合わせるようにしてポロポロにする。

4 全体に油が行き渡り、しっとりとするまで続ける。

5 牛乳を加える。

6 スプーンなどで混ぜ、生地をまとめていく。

7 ひとつにまとまったらOK。

8 生地の半分（約180g）を取り、オーブンシートにはさんで4〜5mm厚さにのばす。

9 かぶせていたオーブンシートを取り、型を押し当てて抜く。

10 足りない部分には、型からはみ出した生地を詰め、型の底全体に敷き詰める。

11 オーブンシートごと天板に移動し、表面にジャムをぬる。

12 残りの生地にシナモンパウダーをふり入れる。

13 手でこすり合わせるようにしてポロポロにし、クランブル状態にする。

14 13をジャムをおおうように、散らしながらのせる。

15 手でかるく押さえ、170℃に予熱したオーブンで30〜35分焼く。

16 焼けたら、タルトを型から切り離し、型をはずし、冷めたら切り分ける。

トライフル

本来はカスタードクリームを入れて作りますが、
ここではゼリー状のジュレを使って仕上げます。
ほどよくスポンジにしみ込んだジュレと生クリーム、
ベリーの酸味が絶妙。色もきれいなので、
ガラスの器に盛りつけるのがおすすめ。

材料（直径15.5cm×高さ10cmの器1個分）
ジェノワーズ
   卵…2個
   卵黄…1個分
   グラニュー糖…60g
   薄力粉…60g
   バター…30g
生クリーム…150ml
かりんのプレーンジュレ(p.76参照)…約300g
ラズベリーまたはいちご…1パック

1　ボウルに卵、卵黄、グラニュー糖を入れ、ハンドミキサーで3分以上泡立てる。

2　生地で8の字を書いて8の形が3重に重なり、5秒待っても形が変わらない、しっかりとしたかたさになったらOK。

3　薄力粉はふるう。バターはボウルに入れて湯せんにかけて温めておく。

4　2に3の薄力粉を加えてしっかりと混ぜる。

5　ツヤが出て、ゴムベラで生地をすくって落として5秒待つと、たらした跡が全体になじんでいく感じになったらOK。

6　3のバターに5の生地を少し入れて混ぜる。

7　6を5のボウルに、表面に散らすように加える。

8　素早く混ぜ合わせる。ボウルの底にバターが残っていないか確認する。

9　オーブンシートを敷いた型に流し入れる。

10　天板にのせ、180℃に予熱したオーブンで25分ほど焼く。

11　真ん中を竹串で刺してみて、何もついてこないようであれば焼き上がり。熱いうちに型から出して粗熱を取る。

12　冷めたら1cm角に切る。

13　生クリームは氷水に当てながらやわらかめに泡立て、ボウルごと冷やす。

14　器に12のジェノワーズを適量入れ、かりんのプレーンジュレをかけ、ラズベリーを散らす。

15　生クリームをたっぷりとのせる。

16　さらにジェノワーズ、ラズベリー、ジュレ、生クリームを重ねて盛り、一番上はジュレとラズベリーにする。冷蔵庫で冷やしていただく。

119

あんずジャム入りガトーショコラロール

できたてはサクッとした食感、ひと晩たつとしっとり。どちらも魅力的。
ここではあんずジャムを使いましたが、
チョコレートと相性のよいラズベリーや
柑橘系のジャムを組み合わせてもよいでしょう。
コーヒーや紅茶のほか、
ウイスキーやブランデーと一緒にいただくのもおすすめ。
器に盛りつけてウイスキーをかけていただくのもよし。

材料（28cm角のロールケーキ用天板1枚分）
ショコラ生地
　製菓用チョコレート（カカオ分 53〜64%くらいのもの）… 140g
　メレンゲ
　　卵白… 4個分
　　グラニュー糖… 20g
　卵黄… 4個分
　グラニュー糖… 120g
粉砂糖… 大さじ1
ココアパウダー… 大さじ1
生クリーム… 200ml
あんずのプレーンジャム(p.44 参照)… 100g

1 チョコレートは湯せんにかけて溶かす。

2 卵白はボウルに入れ、グラニュー糖を2回に分けて加えながら泡立て、メレンゲを作る。ぽそぽそとしている感じでよい。

3 卵黄は別のボウルに入れ、グラニュー糖を加えてハンドミキサーで混ぜ合わせ、泡立て器に替え、もったりとするまでしっかりと泡立てる。

4 1のチョコレートを湯せんからはずし、温かいチョコレートに3を加えて手早く混ぜる。

5 すぐに4に2のメレンゲの半量を加えて手早く混ぜる。

6 残りのメレンゲを加え、混ぜ合わせる。

7 オーブンシートを敷いた天板に流し入れる。

8 オーブンの天板にのせ、180℃に予熱したオーブンで17分ほど焼く。

9 焼き上がったら、オーブンの網などにのせ、そのまま冷ます。

10 冷めたら天板から取り出し、粉砂糖を全体にかるくふり、ココアパウダーもふる。

11 オーブンシートの上にひっくり返してのせ、底に敷いてあったオーブンシートをはがす。

12 生クリームをボウルに入れ、氷水に当てながら7分立てにする。

13 11に12の生クリームをのせ、全体にのばす。

14 ジャムを間隔をあけて横4例になるようにのせる。

15 オーブンシートごと手前から持ち上げて巻いていく。生地の表面がひび割れてよい。

16 巻き終わったら手でかるく形を整え、落ち着かせる。食べやすい幅に切り分ける。

121

柑橘ジャムのアーモンドケーキ

型にまぶしたアーモンドがカリカリッとして香ばしく、
中はしっとり。シンプルなおいしさです。
生地にジャムを混ぜてしっとり感を出していますが、
ジャムを入れすぎると焼く際にジャムが焦げて
型から取れにくくなることもあるので、
約100g目安でジャムを加えます。
ここではゆずジャムを使いましたが、
ほかの柑橘類のジャムでもOKです。

材料（直径20cm サヴォワ型1台分）
メレンゲ
 卵白…3個分
 グラニュー糖…55g
卵黄…2個分
グラニュー糖…5g
薄力粉…60g
強力粉…15g
粉砂糖…50g
ベーキングパウダー…1g
皮つきアーモンドパウダー…50g
バター…50g
ゆずのプレーンジャム（p.80参照）…120g
型用
 バター…5〜10g
 アーモンドのみじん切り（生）…20g

1　型にバターをぬり、アーモンドを入れる。

2　型の内側全体にアーモンドをくっつける。

3　ボウルに卵白を入れ、ハンドミキサーでグラニュー糖を2回に分けて加えながら泡立てる。

4　泡立て器に替え、しっかりとした角が立つくらいのかたさのメレンゲを作る。

5　別のボウルに卵黄とグラニュー糖を入れ、泡立て器で混ぜ合わせる。

6　4のメレンゲに5を加える。

7　泡立て器でざっと混ぜ合わせる。

8　薄力粉、強力粉、粉砂糖、ベーキングパウダーを合わせてふるい、7に加えてゴムベラで混ぜる。

9　アーモンドパウダーをふるい入れ、さらに混ぜる。

10　バターを湯せんで溶かし、温かいうちに加えて混ぜる。

11　ジャムを加える。

12　ゴムベラで混ぜ合わせる。

13　2の型に流し入れて表面を平らにする。

14　170℃に予熱したオーブンで50分ほど焼く。粗熱が取れたら型から出す。

123

ジャム入りガトーバスク

ガトーバスクはフランス南西部のバスク地方のお菓子。
ブラックチェリーの産地なので、本場ではブラックチェリージャムを入れたり、
カスタード入りがポピュラーですが、
わたしはよく、きんかんジャムを入れて作ります。
このガトーバスクを作りたくて、きんかんジャムをストックしているほど。

材料（直径18cmのマンケ型1台分）
バター（室温にもどす）…150g
グラニュー糖…110g
塩…ひとつまみ
卵…25g
卵黄…15g
薄力粉…170g
きんかんのプレーンジャム（p.72参照）…100～120g
仕上げ用溶き卵*…適量
型の下準備用**
　バター、強力粉…各適量

*仕上げ用溶き卵…計量してあまった卵を利用する。
**型の下準備…型にバターをぬって冷蔵庫で冷やし、
バターがかたまったら強力粉をはたき、使う直前まで冷
蔵庫に入れておく。底にはオーブンシートを敷く。

1 ボウルにバターを入れて泡立て器でやわらかく練り、グラニュー糖と塩を加えて混ぜる。

2 1に卵と卵黄を加えて混ぜ合わせる。

3 薄力粉をふるいながら加え、ゴムベラで混ぜる。

4 ひとつにまとめ、スケッパーで2等分にする。

5 両手に水をつけて4の生地の半量を手に取り、空気を抜くようにして平らにする。

6 下準備をしておいた型に5を入れて平らに広げ、周囲1.5cmほどを残してスプーンやパレットナイフで凹みをつける。

7 凹みにジャムを入れる。ジャムのかたさがゆるい場合は、生地の凹みにジャムを入れたあと、冷凍庫に15分ほど入れるとよい。

8 両手に水をつけて残りの生地を手に取り、空気を抜くようにして平らにする。

9 ジャムの上にふたをするように生地をのせ、パレットナイフでジャムがはみ出ないように、ていねいに平らにする。

10 溶き卵を刷毛でぬる。

11 フォークで円を描くように模様をつける。

12 天板にのせ、160℃に予熱したオーブンで30分、150℃に下げて40分焼く。

13 粗熱が取れたら型からはずして冷ます。

ジャムシェイク

フルーツの代わりにジャムを使った、
飲みたいときにすぐに作れる簡単レシピ。
ここでは桃ジャムを使いますが、パイナップルジャムやブルーベリージャムもおすすめ。
牛乳と相性がよいジャムを使って、いろいろな味が楽しめます。

材料 （2人分）
牛乳… 250㎖
白桃とローリエのジャム（p.46 参照）… 50g
氷…3片

1 すべての材料をミキサーに入れて撹拌する。
2 グラスに注ぐ。

クリームソーダ

手作りジャムを使うと、フルーツ感たっぷりのクリームソーダになります。
氷をグラスの8分目まで入れ、炭酸水をゆっくりと注ぐことでクリームソーダらしい層になります。
また、ワイン好きの人には、ジャムを楽しむドリンクとして、
ジャムを白ワインで割って飲む方法もおすすめです。

材料（2人分）
はっさくのプレーンマーマレード（p.22 参照）…大さじ山盛り2
氷…適量
炭酸水…適量
バニラアイスクリーム…適量

1　グラスにジャムを入れ、氷をグラスの8分目まで入れる。
2　炭酸水を静かに注ぎ、バニラアイスクリームをのせる。

長崎県出身。福岡市の中村調理製菓専門学校を卒業後、洋菓子店勤務、食育料理研究家の藤野真紀子氏のアシスタントを6年間務めたのち、2006年に渡仏。アルザス地方の「メゾン・フェルベール」で伝統菓子やジャム作りを中心に学ぶ。帰国後は福岡と東京を拠点にお菓子教室や料理イベントを行うほか、雑誌などでも活躍中。クリスティーヌ・フェルベール氏の作り方を守りながら、日本のフルーツのよさを生かしたジャムが人気を呼んでいる。著書に『家庭で作れる アルザスの素朴なお菓子』（河出書房新社）がある。http://crea-pa.net

田中博子 HIROKO TANAKA

ジャムの本

2016年 3月24日 第1刷発行
2023年 1月16日 第5刷発行

著　者　田中博子
発行者　渡辺能理夫
発行所　東京書籍株式会社
　　　　東京都北区堀船2-17-1　〒114-8524
電　話　03-5390-7531（営業）
　　　　03-5390-7508（編集）

印刷・製本　図書印刷株式会社

Copyright © 2016 by Hiroko Tanaka
All Rights Reserved.
Printed in Japan

ISBN978-4-487-80919-6 C2077

乱丁・落丁の際はお取り替えさせていただきます。
本書の内容を無断で転載することはかたくお断りいたします。

アートディレクション　>>　昭原修三
デザイン　>>　坂本浪男
撮影　>>　竹内章雄
スタイリング　>>　千葉美枝子
編集　>>　松原京子
校閲　>>　北方章子
プリンティングディレクター　>>　栗原哲朗（図書印刷）